朝日新書
Asahi Shinsho 895

お市の方の生涯

「天下一の美人」と娘たちの
知られざる政治権力の実像

黒田基樹

朝日新聞出版

はじめに

お市の方は、織田信長の妹として、さらには「天下一の美人」と評された、戦国一の美女として知られている。その意味では、戦国時代の女性としてもっとも著名な一人といえるかもしれない。ところがお市の方の動向を伝える史料は極めて少なく、その生涯については概略しかわからないのが現状である。著名にもかかわらず、実像はほとんど判明しないのである。そのためお市の方についての評伝書は、これまでみられていない。また良質の評伝としても、小和田哲男氏「戦国一の美女――お市の方」（同編『戦国の女性たち』所収）や神田裕理氏「お市との婚姻」（小和田編『浅井長政のすべて』『浅井三姉妹の真実』所収）がみられるにすぎない。

史料が少なく、実像も明らかにならないにもかかわらず、どうして本書で本格的に取り上げようとするのか。それはお市の方の、織田家における政治的地位に注目したいからである。とくに信長死後における地位が重要と考える。それが、信長の死後に家老筆頭の柴《しば》田勝家《たかついえ》と結婚すること、お市の方の死後に茶々《ちゃちゃ》・初《はつ》・江《ごう》の三人の娘が羽柴《はしば》（豊臣）秀吉に引き取られ、やがて長女の茶々は秀吉の別妻になり、しかも秀吉嫡男の生母になることにつながっていると考えられるのである。織田家において、お市の方はどのような政治的立場におかれていたのか。そのことが浅井長政《あざいながまさ》との結婚、柴田勝家との結婚、さらには死後における三人の娘の動向に、どのように影響していたのか。それらのことを検討したいのである。

同時に、お市の方は、戦国時代の女性としてもっとも著名な一人である。そのエピソードとして、「天下一の美人」と評されたこと、兄信長に夫長政の離叛《りはん》を密かに伝えた小豆《あずき》袋の話がよく知られている。また信長の死後に、羽柴秀吉がお市の方に想いを寄せていたという話もある。現代のドラマや小説で、お市の方を取り上げる場合、必ず登場するエピソードとなっている。しかしそれらのエピソードは、当時の史料によるのではなく、後世成立のものにみられている。それらが事実かどうか、きっちり検証する必要があろう。

逆に、当時の状況を伝える信頼性の高い史料に、お市の方はどのようにみえているのか。あらかじめ触れておくと、それらの史料のなかでは、とくに「渓心院文《けいしんいんのふみ》」と「柴田合戦記」

が重要である。詳しいことは本文で取り上げるが、前者では、浅井長政と死別したことについて「御くやしく」思っていたという。また「ことの外御うつくしく」と記されている。後者では、柴田勝家と死をともにすることについて、「たとい女人たりと雖《いえど》も、こころは男子に劣るべからず」と発言したという。それらのことをもとにすることで、お市の方の実像に、少しでも迫ることができるように思う。そこからは、「美しさ」とともに、非常に信念の強い女性であったことがみえてくることになる。

本書においては、当時の史料、あるいは当時の状況を伝える信頼性の高い史料を中心にして、お市の方の生涯をたどることにしたい。そのなかでお市の方が、織田家においてどのような政治的地位にあったのか、それが生涯をどのように規定し、また三人の娘の生涯に影響を及ぼしたのか、考えていくことにしたい。こうしたことから本書は、お市の方について本格的に検討する、初めての書籍となるであろう。お市の方の生涯は、どこまで明らかになるのか、その実像はどこまで明らかになるのか、その探求の営みにお付き合いいただきたい。

なお巻末には、お市の方に関する重要史料二編を収録した。お市の方に関する史料は少ないなか、重要にもかかわらず全体を容易に参照できない状態にある史料が存在している。

お市の方についての記述は一部分にすぎないが、史料の性格を認識するためには全体の把握が必要になる。そこで一般の人々や、これからの研究のための便宜をはかって、二編について全文を収録することにした。今後の関連研究の進展に寄与することは間違いないであろう。

お市の方の生涯
「天下一の美人」と娘たちの知られざる政治権力の実像

目次

図版／谷口正孝

【お市の方関係系図】

- 織田信秀
  - 信長
    - 信忠
    - 信雄
    - 信孝
    - 秀勝（次）
  - 信勝
  - 信兼
  - 長益
  - 遠山直廉妻
  - 犬山殿（織田信清妻）
  - 小林殿（牧長清妻）
  - 乃夫殿（織田信治妻）
  - お犬（佐治為興妻、のち細川昭元妻）
- 信康
- 信光
- 信実
- 信次

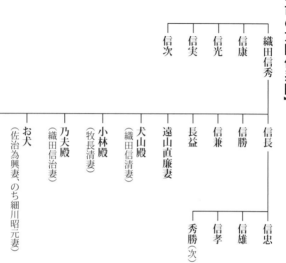

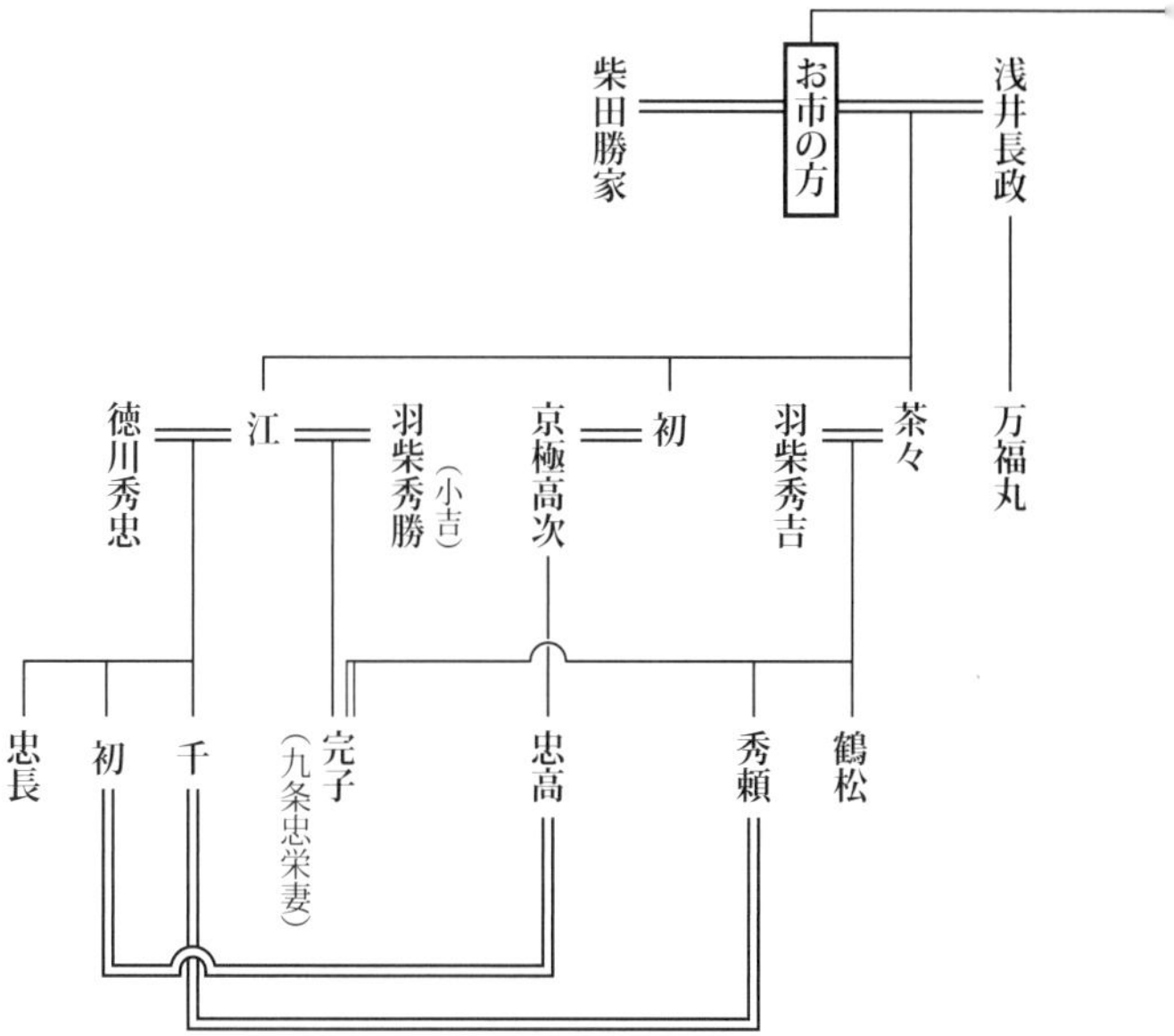
お市の方
浅井長政
柴田勝家
万福丸
茶々
羽柴秀吉
初
京極高次
江
羽柴秀勝
（小吉）
徳川秀忠
鶴松
秀頼
忠高
完子
（九条忠栄妻）
千
初
忠長

第一章

お市の方の織田家での立場

「お市の方」の呼び名

「お市の方」は、戦国女性のなかでも非常に著名な存在といってよかろう。ところが彼女について記す当時の史料は、実はほとんどない。しかもそこでは「お市の方」とは記されていない。「お市の方」という呼び名は、当時のものでなく、後世におけるものなのである。さらにこの呼び名は、江戸時代作成の史料にあっても一般的であったわけではなく、むしろ近代以降に普及したものとみてよい。おそらくは小説やドラマの影響によるとみてよい。その名があまりに人口に膾炙《かいしゃ》していることからすると、これは意外なことではなかろうか。

お市の方を、現在の研究水準によって表記すれば、「織田市《いち》」とするのが適切になる。しかしそうではあるが、「お市の方」という呼び名が、あまりに世間に通用していること、その呼び名は必ずしも誤りというほどのものでないこと、これまでお市の方を取り上げた良質の著作がほとんどみられていないこと、などの理由から、本書では、一般的に通用している「お市の方」の呼び名を用いていくことにしたい。近い将来に、「織田市」と表記して、すぐにお市の方と認識されるようになることを期待したい。

さて当時の史料でお市の方の名を記しているのは、わずか一つにすぎない。それは天正《てんしょう》十年（一五八二）九月十一日に京都妙心寺《みょうしんじ》で開催された織田信長の百日忌法要において作成された「天徳院殿（織田信長）卒哭忌《そっこくき》（百日忌）拈香《ねんこう》」（「月航和尚語録」所収『大日本史料一一編二冊』五三三頁）にみえる、主催者についての次の一文である。

大日本国越之前州居住大功徳主某信女

それはすなわち、越前国《えちぜんのくに》に居住する「大功徳主某信女」というものである。当時において越前国に居住し、織田信長の法要を主催できる女性は、越前北庄《きたのしょう》城（福井市）を本拠にしていた織田家家老の柴田《しばた》勝家《かついえ》の妻であった、お市の方しか見当たらない。しかしこれは法要の際に作成された仏事香語におけるものであり、そのため「某信女」という表記になっている。これが男性であれば、官職名や場合によって実名が記されるところであるが、お市の方は無位無官であり、そのため公的な実名をもっていなかったので、このような曖昧な表記になっているのである。

　お市の方の生前に、その存在を記した史料はこれ一つだけなのであるが、死去直後にその名を記している史料がある。お市の方は、同十一年四月二十四日に北庄城で死去するが、それからほぼ半年後の同年十一月に作成された「柴田合戦記」（大村由己《おおむらゆうこ》「天正記《てんしょうき》」所収『太閤史料集〈戦国史料叢書1〉』五七頁）に、

小谷《おだに》の御方《おかた》は、（柴田）勝家妻女たりと雖《いえど》も、将軍（織田信長）の御一類にして、所縁多し、

と、「小谷の御方」と記されている。お市の方はよく知られているように、柴田勝家の妻になる前は、近江《おうみ》小谷城（長浜市）の浅井《あざい》長政《ながまさ》の妻であった。ここにみえる「小谷」は、いうまでもなくその小谷城を指している。「柴田合戦記」は、羽柴（豊臣）秀吉の御伽衆《おとぎしゅう》の大村由己が執筆した秀吉の伝記である「天正記」を構成する一書にあたる。執筆はほぼ同時代のことで、この「柴田合戦記」は、秀吉が勝家に勝利し、勝家・お市の方を滅亡に

追い込んだ賤ヶ岳《しずがたけ》合戦を扱ったものであるが、ほぼ半年後に執筆されている。したがってこれは、同時代史料として扱うことができる。

柴田勝家の妻であったお市の方は、そこで「小谷の御方」と記されていた。その呼称は、小谷城居住に由来するものであるから、それはかつて浅井長政の妻であった時期にみられたものとみなされる。それがここに記されているということは、織田家ではお市の方をそのように呼称していたこと、そしてその呼称は、柴田勝家の妻になってからも用いられていたこと、をうかがわせる。お市の方は、柴田勝家の妻になっても、「北庄の御方」などと呼ばれるのでなく、引き続き「小谷の御方」と称されていたのであった。これによってお市の方は、当時は「小谷の御方」と称されていたとみることができるであろう。そのため本来であれば、彼女についてはこの呼称を用いるのが適切かもしれない。

本名は「いち」

では本名とされる「市」について、良質の史料で確認できるのであろうか。当時に近い時期に成立した史料で、その名を「市」と記しているものはいまだ確認されていない。しかしお市の方を知る人からの伝聞を書き留めた史料のなかに、その名をみることができる。

それは「渓心院文《けいしんいんのふみ》」（国立公文書館内閣文庫所蔵）という史料である。

この史料は、お市の方の次女・初《はつ》（常高院《じょうこういん》）ゆかりの人物で、江戸城大奥の老女（大年寄《おおどしより》）であった渓心院の覚書《おぼえがき》の写本である。作成年代は判明していないが、渓心院が出家した延宝《えんぽう》四年（一六七六）から、渓心院が死去する元禄《げんろく》八年（一六九五）までの間のことと推定される。つまり十七世紀後半に作成されたものである。渓心院は、初に養育された京極家家臣・川崎正利の孫にあたり、その娘で、江戸幕府四代将軍・徳川家綱《いえつな》の乳母を務め、江戸城大奥年寄であった川崎の娘である。お市の方に関わる内容は、母の川崎が、初周辺の人々から伝え聞いた内容であることが、十九条目に記されている。同史料については、部分的に『大日本史料』一二編に収録されているが、全文を掲載した史料集はまだない。

お市の方についての記述は、二条目にみえている。具体的な内容については後の章で詳しく取り上げることにし、ここでは二条目の冒頭の一文を掲げておく。


じょう高院様（初）はあざ井殿とのさま（浅井長政）にて御ざ候、御ふたり〔くろ〕さまはのぶ長さまの御い〔も脱〕とこにて、ひめさま御いちさまと申す、（読み下し、現代仮名遣いに改めた。以下の史料引用も同じ）

ここには初が浅井長政の娘であり、母は織田信長の「いもとこ」の「いち」であることが記されている。これによりお市の方が織田信長の妹で、その本名が、「いち」であったことを確認できる。江戸時代前期後半成立の史料ではあるが、当時の事情を知る人物からの伝聞によるものであるため、情報の確度は高いといえよう。

ちなみに原文では、お市の方と織田信長の関係について、信長の「いとこ」と記されている。このことについては、これまでお市の方について取り上げてきた研究でも触れられてきた。この記述は、江戸幕府の将軍家の妻妾についてまとめた「以貴小伝《いきしょうでん》」（『史料徳川夫人伝』所収）に、「渓心院文」での記述として引用されているが、これまでの研究の多くは、「以貴小伝」の記述にのみよるにすぎず、「渓心院文」まで確認しているものはほとんどなかった。「渓心院文」にあたってこの問題について取り上げたのは、宮本義己氏『誰も知らなかった江《ごう》』が初めてと思われる。同史料は漢字仮名交じり文で書かれており、写本のためか平仮名には誤写および判読が難しい文字が散見される。そのため宮本氏は、「いとこ」は「いもと」の誤写の可能性を指摘している。

その可能性もあるが、同史料において、ある人物の系譜関係を示す際に、「いとこ」の関係を記している場合には、その親同士の関係が記されていること、また弟について「おとこ」と記していることをみると、「いとこ」は「いもとこ」の誤写、すなわち「も」が脱落した可能性が考えられる。弟を「おととこ」と記して、末尾に「こ」を付していることをもとにすると、この場合は、「いもとこ」と記してあったとみたほうがよいと思われる。

いずれにしろ「渓心院文」を確認することで、お市の方が信長の妹であったことは間違いないと認識することができる。そのため誤写にもとづいて「いとこ」とした「以貴小伝」、そしてそれをそのまま継承してきた研究で出されてきた見解は、すべて成り立たないものになる。これまで、お市の方について、信長のいとこの可能性を想定する指摘がみられていたが、その必要性は全く失われるものとなる。ちなみにお市の方を信長の妹と明記する、信頼性の高い史料には、その他にも、「某覚書」（伊賀「保田文書」東京大学史料編纂所架蔵影写本）に、

一、のぶながの御いもうとはあざいどの（長政）御ないぎ、のちにしばた三ざえもん（勝政）どのへ、

一、浅井〈あざい〉殿御むすめ、大みだい（江）は、大ざかの御ふくろさま（茶々）、
わかさの常光院様（初）三人なり、

とみえていて、ここには信長の「御いもうと」と明記されている。この覚書の性格について、作成者や年代など詳しいことは明らかになっていないが、お市の方の三女・江について、「大御台」と記しているので、徳川秀忠が大御所になった元和《げんな》九年（一六二三）以降のものであることは間違いない。ただし再嫁した相手を「柴田三左衛門（勝政）」（柴田勝家の甥）としているのは、誤認とみなされる。

そのほかにも、寛永《かんえい》年間頃に奥平松平忠明《おくだいらまつだいらただあきら》（徳川家康の外孫、一五八三～一六四四）が編集した記録とされる「当代記」（『史籍雑纂二』所収）に「浅井備前守《びぜんのかみ》（長政）妻女は信長妹也」、高野山の過去帳である「諸寺過去帳」（「高野過去帳」所収『大日本史料一一編四冊』三七六頁）に「信長公妹」、前田利家《まえだとしいえ》（一五三七～九九）の晩年の近臣であった村井重頼《むらいしげより》（一五八二～一六四四）の覚書である「村井重頼覚書」（『大日本史料一一編一冊』八二五頁）に「信長公御妹」などとある。それぞれの史料の性格については、のちにあらためて触れるが、これらの記載によって、お市の方が信長の妹であったことは、もはや疑う余地はない。

「いち」は「市」であったか

「渓心院文」により、お市の方の名が「いち」であったことは確認できた。しかし漢字表記が「市」であったのかは、これからでは確定できない。もっとも当時の社会では、人名の漢字表記の場合、実名でない限り、音にもとづいた表記が基本であり（そのため宛字《あてじ》が多く見られた）、ましてや女性の本名について漢字で表記されることはほとんどみられない（おもに平仮名で表記される）。そのため「いち」に「市」の字をあてることについて、もしそうであったとしても、当時からみられたことなのか、後世においてあてられたものなのか、判断することは難しい。

ちなみに「市」の字をあてているものとして、江戸時代の成立のうちで内容にみるべきものがあるもの、もしくは成立時期が早いとみなされるものに、「織田家雑録」（「十竹斎手書写」東京大学史料編纂所架蔵謄写本・元禄年間頃書写）があげられる。そこに「信長公の御妹、浅井殿（長政）へ御輿《おこし》入れ候を、お市と申し候也」と記されている。ただし同史料では、姉妹のお犬（佐治為興《さじためおき》・細川昭元《ほそかわあきもと》妻）についても「御市」と記しながら、他の所伝をもとに「おいぬ」と訂正しているので、当初はお犬と混同されていたことがうかがわれる。

しかしお犬とは異なる人物が、「御市」であったことは確かになるので、これがお市の方にあたったことは確実とみなされる。

ここにその名について「お市」と記し、「市」の字があてられている。その他に「柴田勝家公始末記」（足立尚計「校訂『柴田勝家公始末記』」）があり、そこに「（柴田勝家）北之方お市殿、或《ある》いは小谷之方」と記されている。ここには「小谷の方」と記されていて、これは先に述べたように、お市の方についての当時の呼称とみなされるものになる。ただし同史料には「柴田合戦記」に記されていたお市の方の辞世の句が記されているので、同史料を参照して書かれた可能性が高い。「小谷の方」について、「或いは」と記していることは、そのことを意味しているように思われる。

しかも「柴田勝家公始末記」の成立は、江戸時代後期の嘉永《かえい》六年（一八五三）である。同史料は、お市の方の北庄での菩提寺《ぼだいじ》とされた願応寺自性院《がんのうじじしょういん》の本寺であった越前福井の西光寺《さいこうじ》が作成したものである。このことから、この「柴田勝家公始末記」の記載は、江戸時代のある時点において、越前での菩提寺でそのように所伝されていたことを示しているにすぎない。柴田勝家・お市の方に関わる内容は、その寺伝によった可能性もあるが、他の史料（例えば前掲の「織田家雑録」）を参照していた可能性も排除できない。したがって内容の信憑性については、すぐには判断できない。

もう一つの史料が、「祖父物語」(『史籍集覧』十三巻所収)であり、「信長公の御妹お市御料人」と記している。ここにも「市」の表記があてられている。この史料は、関ヶ原合戦(一六〇〇年)ののちに、尾張《おわり》国主であった松平忠吉《まつだいらただよし》(徳川家康の四男、一五八〇～一六〇七)の時代に、尾張清須朝日村に居住した柿屋喜左衛門の祖父が物語ったものをまとめたものとされ、そのため松平忠吉が生存していた慶長《けいちょう》年間(一五九六～一六一五)頃の作成と考えられてきた。近年では羽柴秀吉の出自などを示す史料として、関心が寄せられている。

ところが文中では、お市の方の長女・茶々《ちゃちゃ》について、「淀殿《よどどの》」と表記している。しかし慶長年間ならば、まだ茶々は生存しており、関ヶ原合戦後における呼称は「大坂御袋様」が一般的であった。さらに「淀殿」の呼称は、江戸時代前期の早い時期にはみられないもので、江戸時代前期後半からみられるものになる。これらのことから同史料の成立は、慶長年間などではなく、もっと下り、江戸時代前期後半頃と推測される。

いずれにしてもこれらによって、江戸時代には「いち」は「市」と表記されたことは確認できた。典拠となる史料は、いずれも江戸時代前期終わり以降の成立とみられるので、これまであげてきた史料と比べれば、その史料性は低いとみざるをえない。けれども織田家での所伝、越前の菩提寺関連の寺院の所伝と、尾張の所伝との間に、関連はみられないであろうから、江戸時代には「市」と表記することが普及していたとみることができる。そうであれば当時、もしくはそれに近い時期から、「いち」については「市」の字があてられていた、とみることはできるであろう。そのため本書でも、「いち」については「市」の字をあてていくことにしたい。

お市の方の姉妹たち

お市の方は織田信長の妹であったから、すなわち織田信秀《のぶひで》の娘であった。では信秀の娘のなかで、お市の方はどのような立場にあったのであろうか。もっとも信秀の娘について詳細に検討した研究は、これまでみられていない。信秀の娘のうち、生年が判明しているものもいない。そのためまずは、信秀には何人の娘がいたのか、そのなかでお市の方はどのような立場にあったのか、について検討したい。

織田信秀の娘について記載する史料として、比較的成立時期が早く、内容も充実しているものに、①「織田系図」(『続群書類従』巻一四二所収・元禄九年〈一六九六〉書写『群書系図部集第四』所収）と②「織田家雑録」（「十竹斎手書写」東京大学史料編纂所架蔵謄写本・元禄年間頃書写）があげられる。まずはそれらの記載を掲げる。

①「織田系図」

女子　神保《じんぼ》安芸守《あきのかみ》〈越中国《えっちゅうのくに》守護〉室　伊予守《いよのかみ》・主膳母
女子　織田十郎左衛門信清室　左衛門尉《さえもんのじょう》（信益）母
女子　斎藤兵衛尉《ひょうえのじょう》〈濃州小島《のうしゅうおじま》城主〉秀竜室　左門母
女子　苗木勘太郎（遠山直廉）〈美濃国《みののくに》苗木城主〉室　〈女子を生む、信長これを養育す、武田四郎勝頼に嫁す、太郎信勝を生む、〉
女子　浅井備前守長政室　三子を生む、（以下省略）
女子　織田又六郎信直室　津田監物忠辰母、天正元癸酉年、月、日尾州於台城において卒す、二〔三イ〕十二歳、東雲寺に葬す、栄輪院殿と号す、
女子　佐治八郎平為興〈尾州大野城主左馬允為平長男〉室
女子　織田市之介信成室　津田源二郎正信母
女子　細川右京大夫昭元室　〈三子を生む、一女秋田城介（実季）に嫁す、河内守《かわちのかみ》（俊季）

を生む、二女比丘尼《びくに》、慶光院《けいこういん》と号す、三男四品侍従讃岐守《さぬきのかみ》元勝、〉
女子　津田出雲守《いずものかみ》室
女子　飯尾隠岐守《おきのかみ》信宗（尚清）室
女子　津田九郎二郎元秀室
女子

②「織田家雑録」

○浅井長政─┬一淀殿（羽柴）秀頼《ひでより》母
　　　　　├二常高院　京極宰相高次妻、若狭守《わかさのかみ》忠高母、
　　　　　└三崇源院《すうげんいん》　大猷公《だいゆうこう》（徳川家光）御母堂
　　　　　　此三人母信長妹、

○稲葉右京亮（貞通）は信長公の妹婿也、信長公妹の腹に一子あり、修理（通孝）と云う、修理子を十左衛門（通照）と云う也、彦六（典通）は別腹也、

○乃夫《のぶ》九郎〈濃州乃夫城主と云う〉は信長公の従弟《いとこ》の内九郎室、信長公の妹也、此腹に三女あり、一人は雅楽助（織田信貞）室となる、貞置の養母也、一人は村越茂助（直吉）妻となり、長門守《ながとのかみ》入道道伴（吉勝）をうむ、一人は堀田図書妻となる、男子一人あり、是を貞置の養母養子にして、津田氏をあたえ、津田左門と云う、越後守《えちごのかみ》殿（松平光長）に仕う、左門妹は牧野因幡守《いなばのかみ》に嫁す、女子今一人あり、織田右衛門尉《えもんのじょう》（織田信清子信益）内室也、

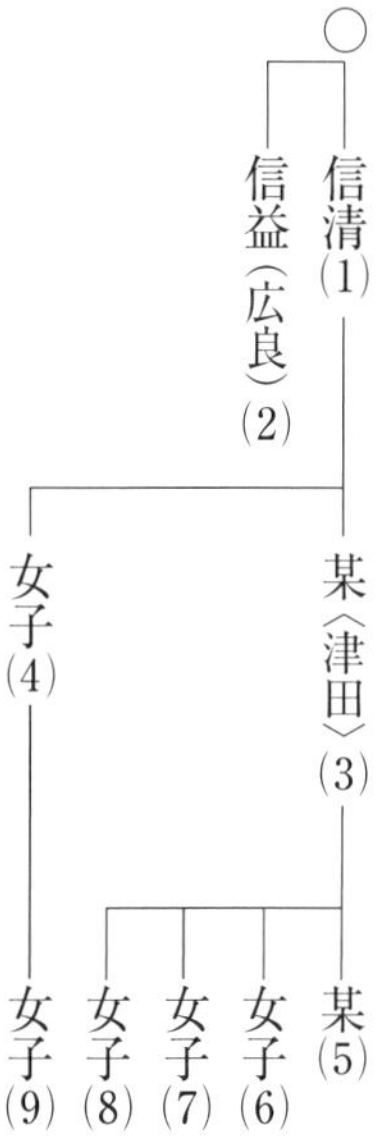

(1)〈小字十郎、十郎左衛門、下野守《しもつけのかみ》、後に犬山哲斎と号す〉
(2)〈勘解由左衛門、加留義合戦に戦死〉

(3)〈右衛門佐、母信長公妹〉(信益)
(4)〈(織田)信雄《のぶかつ》妾、後に生駒式部に嫁す、〉母濃州乃夫九郎
(5)〈九郎次郎入道、法名露泊女〉母同
(6)〈京極宰相高次家士、井口左京妻〉母同
(7)〈東福門院(徳川和子)上臈《じょうろう》、才(佐井)御方と号す、後に尾州源敬公(徳川義直)に仕え一女を生む、法名貞松院〉母同
(8)〈黄門(松平)秀康妾、但馬守《たじまのかみ》(成政、初め直久、後に直富に改む)(直良)母〉
母同
(9)〈信雄長女、高浜と号す、佐々加賀守《かがのかみ》一義妻〉
〈信雄の妾、式部方にて二男一女をうむ、一男は宮内と云い(羽柴)秀頼に仕うる也、二男は図書と云う、式部家督なり、女子は藤杢〔堂〕仁右衛門(高刑《たかのり》)に嫁する也、〉
○信長公の御妹、浅井殿(長政)へ御輿入れ候を、お市と申し候也、
○細川讃岐守(元勝)孫右京説に、信長公の妹、名は御市と申し候との事也、霊光院

に信長御自筆の御妹へ遣わさる御文に、おいぬとあり、是正説たるべし、
○霊光院殿契庵倩公大禅定尼
右霊牌西京竜安寺内霊光院に在り、是信秀の女、信長の妹也、曽《かつ》て尾州大野《びしゅうおおの》城主佐治八郎（為興）に嫁す、与九郎（一成）を生む、八郎戦死の後、天正四年、摂州芥川《せっしゅうあくたがわ》城主細川六郎源昭元に再嫁す、讃岐守（元勝）を生む、天正十年九月八日掩粧《えんそう》、
○竜勝寺殿花萼春栄大禅尼〈武田勝頼室、信長公のめい〉
元亀《げんき》二年辛未九月十六日卒
美濃苗木城主苗木勘太郎（遠山直廉）の女、勘太郎は信長公の妹婿也、信長これを養い、武田勝頼に嫁す、武田太郎信勝を生む、
○照月宗貞禅定尼〈信長公妹、浅井長政妻、後に柴田勝家妻〉
天正十一年四月二十四日生害

○稲葉右京貞通┬修理進（通孝）〈母信長公女〉―十左衛門（通照）
　　　　　　└女子〈織田三吉（信秀）妻〉

○津田九郎次郎元秀〈尾州比良《ひら》城主九郎次郎元定（法名玄斎）男、本能寺において戦死〉
―亀熊丸〈早世、母信長妹〉

○乃夫九郎〈内室信長公の妹なり、乃夫殿と申し候〉大坂にて淀殿にせり居り申され候、落城のとき立ちのくとて石垣より落ちて死すと云々、

○為興〈佐治八郎、大野城主、姓平氏、後に信方に改む、〉天正二年甲戌五月二十八日、長島において戦死、年二十二、――一成〈与九郎、大野城主六万石、剃髪《ていはつ》して固哉《こさい》と号す、寛永《かんえい》十一年甲戌九月二十六日卒、年六十六、母信長公妹〉

すなわち信秀の娘として、①「織田系図」では、神保氏張妻（のち稲葉貞通妻、『寛政重《かんせいちょう》修諸家譜《しゅうしょかふ》』などによる）・織田信清妻・斎藤秀竜妻・「苗木勘太郎」（遠山直廉）妻・お市の

方・織田信直妻・佐治為興妻（細川昭元妻と同一人）・織田信成妻・細川昭元妻・津田出雲守妻・飯尾信宗（尚清）妻・津田元秀妻・某の十二人が、②「織田家雑録」では、お市の方・稲葉貞通妻・乃夫織田九郎妻・織田信清妻・佐治為興妻（のち細川昭元妻）・「苗木勘太郎」（遠山直廉）妻・津田元秀妻の七人があげられている。「織田系図」における某を、「織田家雑録」における「乃夫九郎」妻にあてることができるかもしれない。

現在のところ、信秀の娘たちについて整理したものとして、岡田正人氏『織田信長総合事典』と横山住雄氏『織田信長の系譜　信秀の生涯を追って』があげられる。その他、谷口克広氏『織田信長家臣人名辞典　第2版』には、婿となる人物についてくわしい履歴が記されている。それらによればさらに、江戸時代成立の尾張の地誌史料（『張州雑志』『尾張志』）や系図史料（『士林泝洄』『寛政重修諸家譜』）にもとづいて、大橋重長妻（くらの方）・牧長清妻（小林殿）・丹羽氏勝妻の存在があげられている。これらを含めれば、信秀の娘は十五人が知られることになる。

ただしそのうち、横山氏は織田信直妻について、正しくは信秀の弟信康の娘で、信長の養妹とされた可能性を指摘している。信秀の娘とされるもののなかで、彼女だけが没年齢からの逆算により生年を推定でき、天文《てんぶん》十一年（一五四二）ないし同二十一年である。夫の信直は、小田井織田家を継承する存在で、信張の子とみなされ、同十五年生まれ。両者の間には、信氏・牧野宮内少輔妻（永禄十年〈一五六七〉生まれ）・忠辰（元亀三年〈一五七二〉生まれ）があった。長男の生年は不明だが、娘よりも二年ほど前とみれば、永禄八年頃と推定される。その時の信直妻の年齢を二十歳とみると、生年は天文十四年頃となる。

これまで彼女の生年については、同二十一年生まれ説が採用されていたが、それでは信氏を生んだ年齢は十四歳になってしまうので、むしろ同十一年生まれの可能性が高いとみなされる。ただし「織田系図」では、父信張（大永《だいえい》七年〈一五二七〉生まれ）の妻を信康の娘とし、信直を信張の弟ともしているので、信張・信直父子の系譜関係には混乱がみられている。なお横山氏は、信康は同十三年に死去していることから、彼女は信秀・信康のいずれの娘でもなくなることを疑問にあげていたが、彼女の生年を同十一年とみれば、それは解消されることにもなる。

「織田系図」「織田家雑録」にはみえていない三人のうち、大橋重長妻については、「信長公の御姉御くらの御方」と記されていることから、事実の可能性が高い。また牧長清《まきながきよ》妻についても、「小林殿」と称されて、のちに織田信雄（信長の次男）から庇護をうけているので、これも事実の可能性が高い。しかし丹羽氏勝妻については、典拠が江戸時代後期成立の『寛政重修諸家譜』のみであることから、同系図史料の記載内容の特性として、何らかの誤伝（養女や一族の娘との混同など）の可能性が想定される。

したがって織田信直妻・丹羽氏勝妻については、信秀の娘からはずしてよいであろう。それでも、信秀の娘は十三人が存在していることになる。しかしこれはあまりに多すぎると思われる。信秀の没年齢は四十二歳と推定されているので、男子の存在をも考慮すると、あまりに多すぎる。例えば、武田信玄は没年齢五十三歳で七男八女の十五人、北条氏康は没年齢五十七歳で六男七女の十三人の子どもがいたにすぎない。それらと比べれば、信秀の娘とされているものの人数が、常識を超えていることがわかる。

おそらくそこには、織田信直妻のように、近親の一族の娘を、信長の養妹としたものがあったに違いない。しかし養女であっても、公的には娘と扱われるので、織田信直妻の場合のように、それを推定する明確な事実がない限り、その区別は難しい。また稲葉貞通妻や細川昭元妻（お犬）、そしてお市の方のように、再嫁の場合もみられた。信長生前に、すでに死去したり消息が不明である斎藤秀竜・織田信成・大橋重長の妻については、そうした可能性もあるかもしれない。事実の解明のためには、織田家一族や姻族についての追究が必要であるが、現在の研究状況はまだ十分ではないといわざるをえない。

確実に確認できる信秀の娘たち

そこで逆に、当時もしくはそれに近い時期の良質の史料で、信秀の娘・信長の姉妹であることを確実に認識できるものについて、あげていくことにしたい。

まず当時の史料から信秀の娘であったことが確認できるのは、細川昭元妻（お犬）である。天正三年（一五七五）に比定できるという曲直瀬道三《まなせどうさん》の書状に、「細川殿（昭元）へは殿様（織田信長）御妹を近日御よめ入りの分に候」と記されていることにより、確認できる（岡田前掲書）。本名は「いぬ（犬）」といい、「織田家雑録」によって、初めは尾張大野城（常滑市）の佐治為興（信方）の妻であったが、為興が元亀二年（一五七一）に死去したのち、実家に戻り、天正三年頃に細川昭元に再嫁したものになる。

また天正十年の本能寺の変後における、織田信雄家臣の知行帳《ちぎょうちょう》である「織田信雄分限帳」に記載があり、信雄から庇護をうけていた「犬山殿（織田信清妻）」と「小林殿（牧長清妻）」についても、信秀の娘とみて間違いない。このうち犬山殿については、「保田文書」某覚書にも記載されていて、

【犬山殿関係系図】

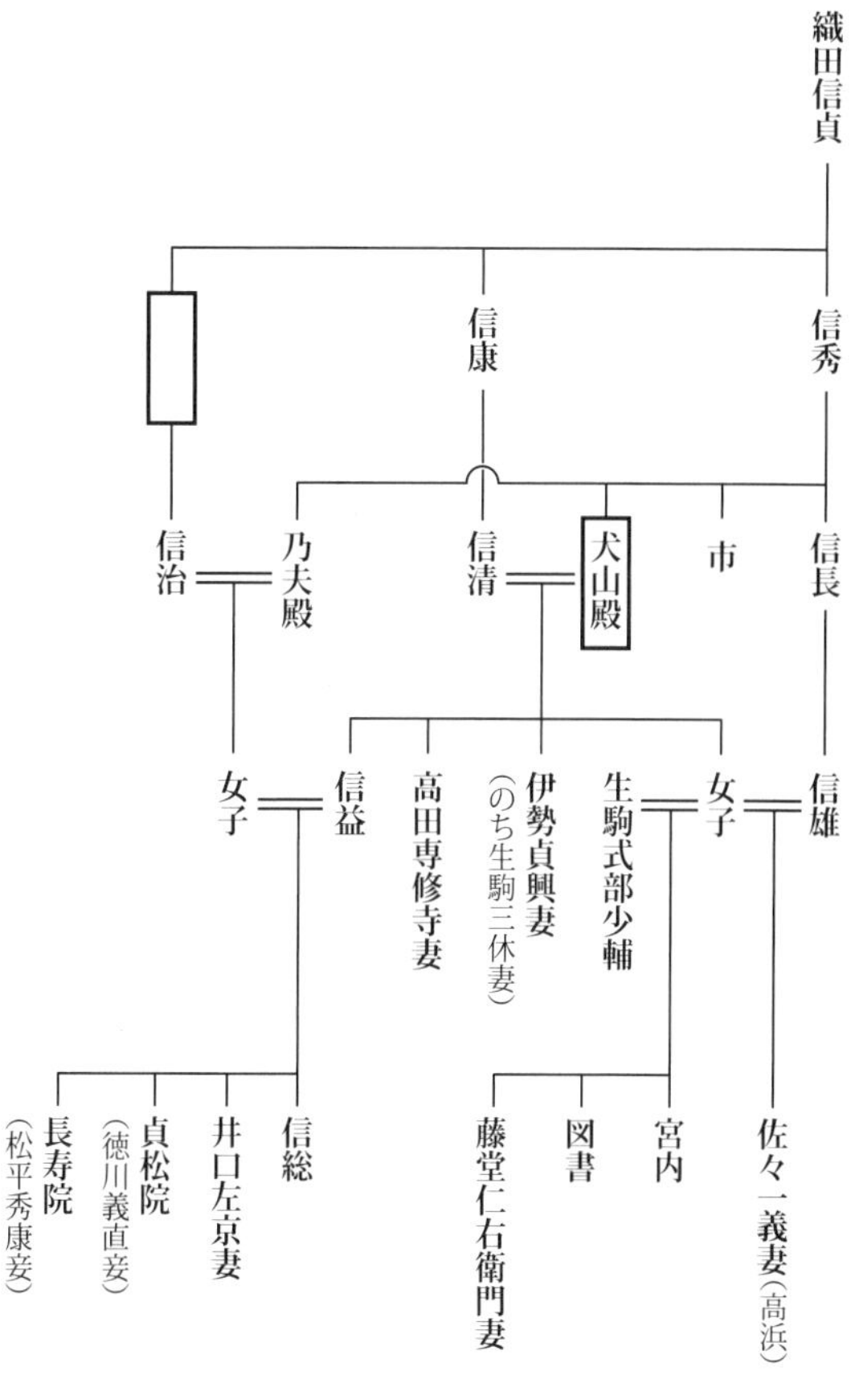

織田信貞
信秀
信康
信長
市
犬山殿
信清
乃夫殿
信治
信雄
女子
生駒式部少輔
伊勢貞興妻
(のち生駒三休妻)
高田専修寺妻
信益
女子
佐々一義妻(高浜)
宮内
図書
藤堂仁右衛門妻
信総
井口左京妻
貞松院
(徳川義直妾)
長寿院
(松平秀康妾)

一、いせのいぬ山どの御ないぎは、のぶながのあね、
一、いぬ山のむすめは、いせ殿〈いせ伊勢《いせ》の守《かみ》〉のないぎ、
一、いせ殿むすめ古仁右衛門殿ないぎ、
一、いせ殿ごけ、いこま三きう殿へ、仁右衛門殿ないぎのためにま、は、、
一、〈一身田〉もんぜきの御ふくろもいぬ山殿むすめ、

とある。

ここに犬山殿に関して、「犬山殿」織田信清の妻が信長の「姉」であること、娘に伊勢守（貞興か、一五六二～八二）の妻と伊勢「一身田門跡（高田専修寺）」の妻があったこと、伊勢伊勢守妻は夫の死後に「生駒三きゅう」に再嫁したこと、伊勢伊勢守娘（犬山殿の孫）は藤堂仁右衛門（高刑、一五七七～一六一五）の妻であったこと、などが記されている。

これとは別に「織田家雑録」には、犬山殿の子どもとして、津田右衛門尉（信益、？～一六二三）と織田信雄妾（のち生駒式部少輔妻）があげられており、津田右衛門尉の妻は、「乃

夫九郎」娘、すなわち信長妹の娘で、その間に、九郎次郎入道（信総）・井口左京（京極高次家臣）妻・東福門院上﨟（のち徳川義直〈家康九男〉妾、貞正（松）院、一六二四～八四）・松平秀康（家康次男）妾（長寿院、？～一六〇九）の一男三女があったことが記されている。

これらにより犬山殿は、信長の姉であったことが知られる。そして夫の織田信清が、本拠の犬山城（犬山市）が永禄八年（一五六五）二月二十二日に落城したのち（横山住雄『織田信長の尾張時代』）、没落して甲斐《かい》武田信玄を頼ると、離別し、弟信長の庇護をうけたと推定されている。娘と伊勢伊勢守の結婚は信長の差配によろう。さらに織田信長の死後は、織田信雄の庇護をうけていて、娘の伊勢伊勢守妻の再嫁やもう一人の娘の専修寺との結婚、息子の右衛門尉（信益）と「乃夫九郎」娘との結婚などは、信雄の差配によると思われる。犬山殿とその子・孫が、織田家の庇護をうけ続けたことが知られる。しかも右衛門尉の娘たちは、京極家・徳川家に深い関わりをもっており、これはお市の方の娘・初と江の差配によるとみてよいであろう。

小林殿の夫の牧長清は、尾張国守護家の斯波《しば》家一族で、斯波義銀《よしかね》（一五四〇～一六〇〇）の従兄弟《いとこ》にあたる牧長義（妻は信秀の妹という〈『張州雑志』〉）の子で、元亀元年（一五七〇）の死去というが（谷口前掲書）、具体的な動向は不明のようである。しかし斯波家一族であれば、信秀の娘が結婚してもおかしくはない。夫の牧長清が元亀元年に死去してからは、犬山殿と同じく、信長の庇護をうけ、その死後は信雄の庇護をうけ続けたとみなされる。牧長清は、与三左衛門・若狭守を称したというから、死去した時には三十歳を過ぎていたことであろう。そのことからすると長清自身が、斯波義銀の従兄弟世代にあたっていた可能性が高い。そしてその妻である小林殿は、一五三〇から四〇年代の生まれとみなされるであろう。

当時および信頼性の高い史料で、信秀の娘として確認できるのは、お市の方に加えて、犬山殿・小林殿・お犬の三人とみなされる。それ以外についてみると、娘・竜勝寺殿が信長の養女とされて、甲斐武田勝頼（当時は諏方勝頼）と結婚して信長の外交政策に寄与していることから、遠山直廉妻も、信長の実の姉妹であったと考えてよいであろう。竜勝寺殿は永禄八年に諏方勝頼と結婚しており、その時期には信長の娘はまだ幼少であったことからすると、その母である遠山直廉妻は、信長の姉と推定される。犬山殿との長幼関係については確定できないが、子どもの動向からすると、遠山直廉妻のほうが上の可能性が高く、おそらくは信秀の長女であったと思われる。

また子どもがその後の織田家一族と親密な関係にあった「乃夫九郎」妻（乃夫殿）も、

【織田・遠山・武田家関係系図】

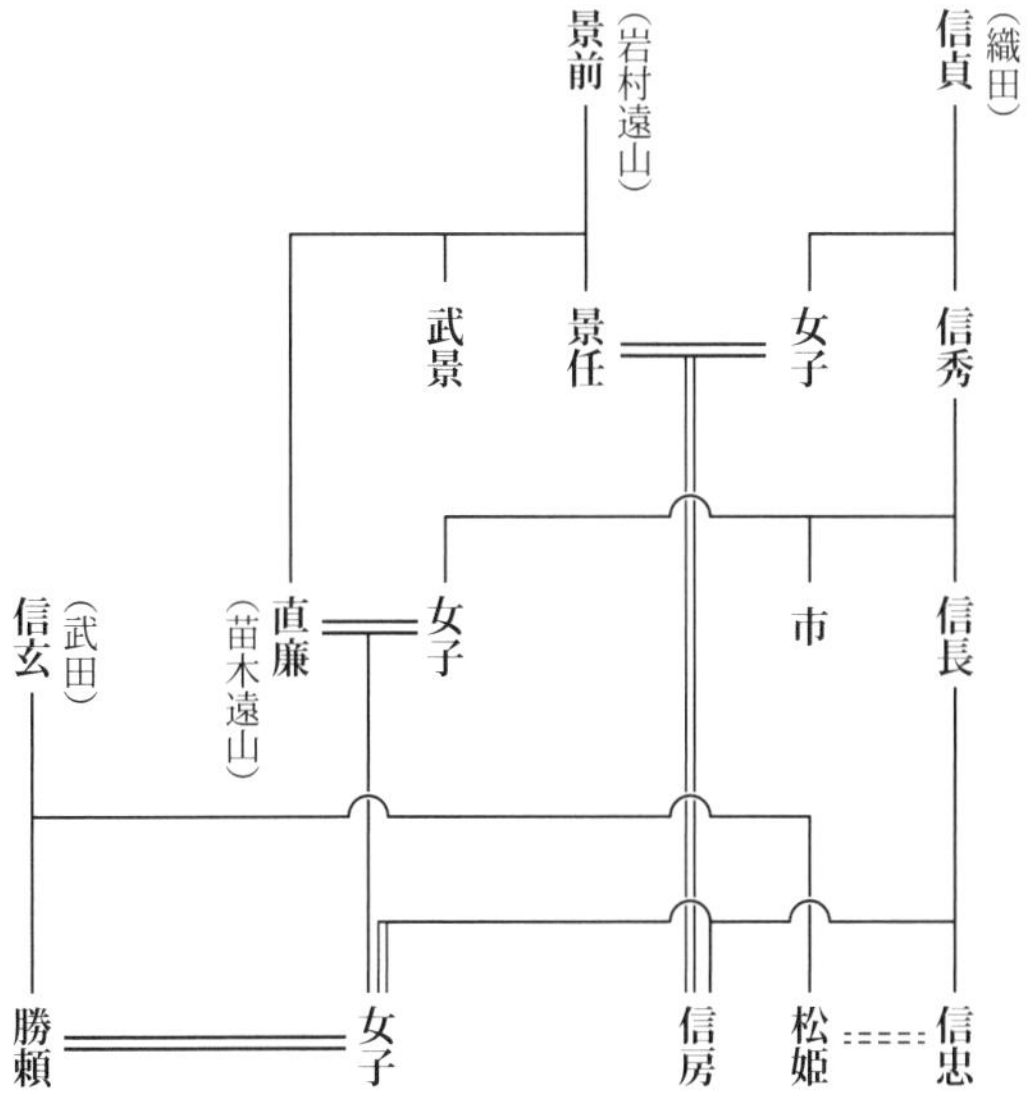

信長の実の妹の可能性が想定される。「織田家雑録」には娘は四人あったとされ、それぞれ織田信貞（信長九男、一五七四〜一六二四）妻、村越直吉（一五六二〜一六一四）妻、堀田図書妻、津田信益妻であったと記されている。夫の「乃夫九郎」については、詳しいことは判明していない。岡田正人氏は、津田元秀（元嘉）妻と同一人と推測しているようである。しかし「乃夫九郎」は、尾張野府城（一宮市）の城主と伝えられるのに対し、津田元秀は尾張比良城（名古屋市）の城主と伝えられ、本拠が異なっている。野府城主の前任は、信長の弟とされる信治（九郎、一五四五か〜七〇）であるから、「乃夫九郎」は信治の本拠と仮名《けみょう》（元服後に称する通称）を継承しているので、信治の家督を継承した人物とみなされる。

「乃夫九郎」について当時の史料でその存在を確認できないが、「織田家雑録」には、お市の方の娘・茶々に仕えて、大坂城に居住したといい、大坂夏の陣（一六一五年）の落城の際に、退去するにあたって死去したことが記されているので、同年まで生存していたとみなされる。ただし信治の死去から四十五年が経っており、その段階でも仮名のままというのは疑問である。織田家一族で茶々に仕えていたというのであれば、せめて何らかの官《かん》途名《どめい》（朝廷の中央官にちなむ通称）を称していて不思議でない。また娘が一五六〇〜七〇年

【乃夫殿関係系図】

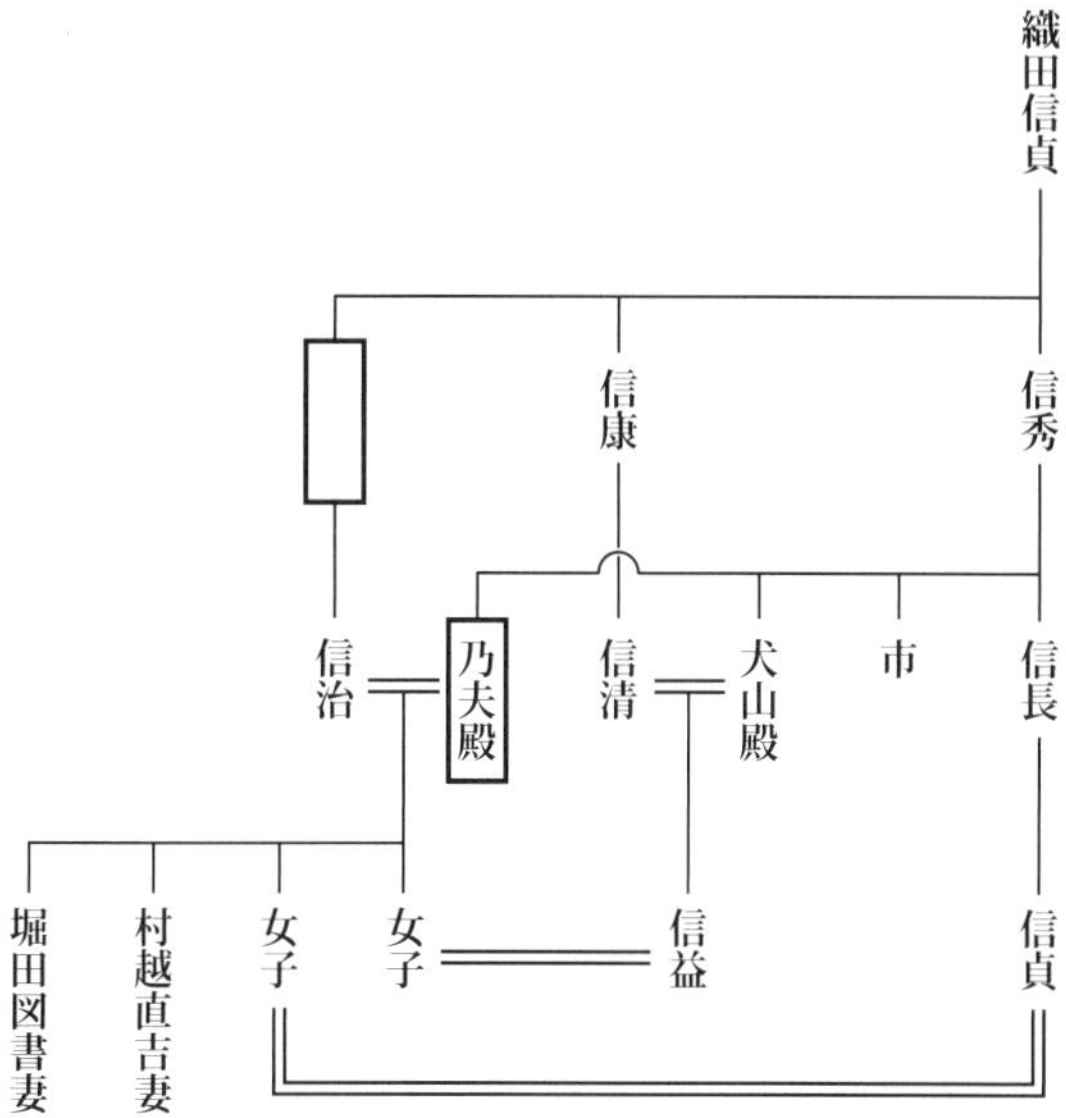

代生まれの人と結婚していることからすると、それらの娘も同年代とみるべきであり、そうすると「乃夫九郎」は信治と同世代の人物とみなさざるをえなくなる。

これらの疑問点を整合的に解決しようとすれば、大坂夏の陣で死去した人物は、「乃夫九郎」ではなくその妻・乃夫殿であったこと、「乃夫九郎」は信治その人であった、と考えざるをえない。しかしそう考えれば、乃夫殿が茶々に仕えていたこと、その子どもが信治の子どもの世代にあたっていることも十分に納得できるものとなる。逆に、信治が信長の弟であることについて記す当時の史料はなく、それは江戸時代成立の系図史料によるのみである。ここから信治は、実際には信長の妹婿で、その関係がのちに信長の弟と誤認されたとみなされる。なお「織田家雑録」には、信治は信長の「従弟」と記している。そうであれば信秀の兄弟の子であったと考えられるであろう。

以上のことから、確実に信秀の娘、信長の姉妹であったと想定されるのは、お市の方のほか、遠山直廉妻、犬山殿、小林殿、お犬、乃夫殿のあわせて六人ということになる。なお「織田家雑録」には、その他に稲葉貞通妻・津田元秀妻があげられているが、それらの子どもについて、その後の織田家一族との親密な関係はうかがわれないので、それは信長の実の姉妹ではなかったことによる、と考えることも可能であろうか。

生年は何年か

お市の方が信秀の娘のうちで何女にあたるのかは、信秀の娘たちの生年が不明のため、判明していない。そうしたなかで唯一生年について所伝があるのがお市の方になる。それは「柴田勝家公始末記」にみえているものになる。同史料には、「柴田勝家公略譜」「親族」に続いて、「北の方お市殿〈或いは小谷の方〉」として、お市の方の略伝が記載されていて、その最後の部分（そのあとに補記が記されている）に法名が記載されていて、そこに没年齢が記されている。

法号

自性院殿微妙浄法大姉　天正十一癸未年四月廿四日
　寿三十七歳

如意輪山自性院に葬る、洛陽大仏養源院に石碑あり、

ここに「寿三十七歳」とあり、死去した天正十一年に三十七歳であったと記されている。

この逆算による生年は、天文十六年（一五四七）となる。お市の方の没年齢についての所伝としては、これが唯一になっている。そのためかこれまでの研究では、この生年を信用して、お市の方は天文十六年生まれとみなされている。

しかしこの没年齢は当時の史料によるものではないから、ただちに信用するわけにはいかない。この所伝の妥当性を検証しなければならない。その場合に考慮すべきは、当該史料、すなわち「柴田勝家公始末記」の記載内容の確実性の検証であり、もう一つは、結婚および子どもの出産年齢との関係性からの検証である。

まず前者の問題から検討してみよう。ここに記載されているお市の方の法名は、葬地とされている越前北庄の自性院で付されたものとみなされる。そのため没年齢は、同寺の寺伝とみなされる。ただしそれに続いて、京都方広寺《ほうこうじ》（「洛陽大仏」）の塔頭《たっちゅう》であったとみなされる養源院《ようげんいん》に、墓碑が存在していたことが記されている。養源院は、浅井長政の菩提寺で、長女の茶々が文禄三年（一五九四）に、父長政らの二十一周忌にあたって建立したものであり、寺号も浅井長政の法号に因《ちな》んでいる。したがってこの記載内容は、お市の方死去当時のものではなく、少なくとも茶々が養源院を建立して以降のものと考えられる。さらに同寺は、元和五年（一六一九）に落雷で焼失し、そのため同七年にお市の方の三女・

江によって再建されているので、この情報はそれ以降のものとみなされる。

しかしそもそも、越前自性院での供養は、死去に近い時期からのことであったわけでなかった。「柴田勝家公始末記」には、先の法号に続いて、「右、自性院殿の霊骸は光明山乗律院西光寺末足羽郡木田赤坂岡山如意輪山願応寺自性院〈往昔紫雲山仏光寺〉に葬する」と記して、あたかもお市の方の遺骸を埋葬した寺院のように記している。しかし同寺は、お市の方の二十三回忌にあたる慶長十年（一六〇五）に開創された、と所伝されている。

したがって同寺での供養は、それ以降のことであり、付された法号もその際におけるものと考えられる。そうであれば没年齢の所伝も、その時ないしそれ以降に、同寺で所伝したものと考えられる。同寺開創の時期には、いまだお市の方の三人の娘は生存していた。しかしその開創に彼女らが関わっている形跡は確認されないので、開創はあくまでも越前の政治勢力によっておこなわれたと考えられる。そうすると没年齢の所伝に、たとえそれが同寺の開創時からみられたものであったとしても、十分な信用性があるとは認め難いといわざるをえない。

次に後者の、結婚および子どもの出産年齢との関係について検討してみたい。お市の方が浅井長政と結婚した時期については、それを明示する史料がないため、いくつかの見解が出されていた。江戸時代成立の史料でも、永禄二年（一五五九）・同四年・同七年・同十一年説があるほか、戦後の研究のなかで、同六年、同十年、同十一年説などが出されていて、必ずしも確定されていない状況にある。近年では、宮島敬一氏（『浅井氏三代』）が永禄二年から六年の間、太田浩司氏（『浅井長政と姉川合戦』）が同四年、宮本義己氏が同十一年春とする見解をだしている。

もっともお市の方と浅井長政の結婚に関する当時の史料としては、十二月十七日付け和《わ》田《だ》惟政《これまさ》書状（「福田寺文書」『戦国遺文佐々木六角氏編』九五六号）があるにすぎず、そこに「浅井備前守（長政）と（織田）信長縁辺入眼《じゅがん》し候と雖も」とあり、この直前の時期にお市と浅井長政は結婚していたことがわかる。この文書の年代については、永禄八年や元亀元年（一五七〇）に比定されることがあったが、現在では、信長・足利義昭（当時は義秋）・近江六角家の動向などをもとに、永禄十年であることが確定されている。したがってお市と浅井長政の結婚は、同年と確定される。宮島氏や太田氏は、自説を展開するにあたって、近世史料の記述や先行研究の見解を種々否定する見解を述べていたが、それらはすべて無用になっている。

子どもの出産時期についても、実はそれを明示する史料がないため、やはりこれまでにいくつかの見解が出されていた。お市の方の三人の娘である茶々・初・江の生年について、当時の史料で確定できるものがなかったため、江戸時代成立の史料での記載をもとに考えられていて、そこに複数の所伝がみられていたため、複数の見解が出されるかたちになっていた。しかし近年、茶々の生年が、星座をもとに永禄十二年であることが明らかになった（井上安代『豊臣秀頼』増補四）。

そして宮本氏は、「渓心院文」に、天正十一年（一五八三）に茶々らが北庄城から退去した時の三人の娘の年齢について「十三、十一、九」と記されていて、それぞれ二歳違いであることをもとに、初は元亀二年、江は天正元年生まれであることを指摘している。「渓心院文」では、その時の茶々の年齢を十三歳としているが、永禄十二年生まれであるから正しくは十五歳であり、また江を九歳としているが、それではその生年は天正三年となり、浅井長政の子ではなくなってしまうことから、その記述は二歳ずつ錯誤しているとみなされることによる。この見解は妥当であり、これらによって茶々ら三人の娘の生年は確定されている。

ちなみに浅井長政には嫡男として万福丸《まんぷくまる》があり、『信長公記《しんちょうこうき》』天正元年条に、その年に十歳であったことが記されており（角川ソフィア文庫本一六一頁）、その生年は永禄七年であった。お市の方の結婚時期についての見解に連動して、万福丸をお市の方の実子とみるか、庶出とみるかで見解が分かれていたが、先に述べたように、お市の方の結婚は永禄十年であったから、万福丸はそれ以前に出生しているので、当然ながらお市の方の実子ではなく、庶出であったことになる。

お市の方の結婚および子どもの出産時期については、かつては諸説がある状況であったが、現在では、結婚は永禄十年、長女茶々の出産は同十二年、次女初の出産は元亀二年、三女江の出産は天正元年であることが確定されている。これを「柴田勝家公始末記」が伝える生年・天文十六年にあてはめると、結婚は二十一歳、出産は二十三歳から二十七歳のことになる。この年齢はありえなくはないが、やや遅いきらいがある。そのためこれまでも、結婚年齢が遅いことをもとに、お市の方と浅井長政の結婚は、お市の方にとっては再婚であったのではないか、という推測すら出されていた。

たしかに二十一歳での初婚、二十三歳での第一子の出産は、遅いとみることができる。当時の戦国大名家の女性の、外交関係による結婚とそこでの出産年齢についてのデータを集めてみると、結婚は十八歳か十九歳、第一子の出産は二十歳か二十一歳という事例が多い（拙著『家康の正妻　築山殿』）。これに照らし合わせてみると、天文十六年生まれ説では、一般的事例よりも二、三歳ほど年齢が高く、むしろ同十九年生まれくらいが適当になる。もちろん何らかの事情により、結婚年齢が遅くなるということもありえる。しかし「柴田勝家公始末記」の所伝に全幅の信頼をおくことができないことからすると、その所伝に拘《こう》泥《でい》する必要もないと考えられる。

そのためここでは、お市の方の生年については、「柴田勝家公始末記」の所伝を採用しないで、結婚と子どもの出産年齢からの推定として、天文十九年頃の生まれの可能性が高い、とみておきたい。

姉妹のなかでの長幼関係

それではお市の方は、姉妹のなかでどのような長幼関係にあったと考えられるであろうか。もっともお市の方を含めて、信秀の娘たちの生年は判明していないので、このことを考えるとはいっても、すべては状況からの推測になる。しかしお市の方の政治的立場を認識するうえにおいて、姉妹のなかでどのような長幼関係にあったのかは、重要な要素になる。そのためここではあえて推測してみることにしたい。

お市の方を含めて、信秀の娘であったのは、先にあげたように、遠山直廉妻・犬山殿・

小林殿・お犬・乃夫殿の六人であった。このうち犬山殿は、「保田文書」某覚書から、天文三年（一五三四）生まれであった信長の「姉」であったとみなされる。また遠山直廉妻も、娘が信長の養女とされて武田勝頼と結婚していることから、やはり信長の姉とみなされた。そして両者の長幼関係については、子どもの動向から、遠山直廉妻のほうが上とみなされた。おそらくこの二人が信長の姉に位置していたと思われる。その他の姉妹は、信長の妹であったと考えられる。

小林殿の夫の牧長清は、尾張国守護斯波家の一族といい、天文九年生まれの斯波義銀と同世代とみなされるから、信長よりも少し年少であった可能性が想定される。そして元亀元年（一五七〇）に死去している。このことから小林殿は、信長よりも少し年少の存在と考えられる。

お犬は、はじめ尾張国衆の佐治為興（信方）と結婚した。佐治為興とその子信吉（一成）については、瀧田英二氏『常滑史話索隠』に詳しい。それによれば、為興は元亀二年五月九日の死去、享年は二十二とされるので、天文十九年生まれ。お犬との間に二男一女があり、長男は信吉、次男は中川秀休（はじめ織田熊之丞）といい、娘については詳細は不明とされる。そして長男の信吉は、寛永十一年（一六三四）九月二十六日に六十六歳で死去した

【お犬関係系図】

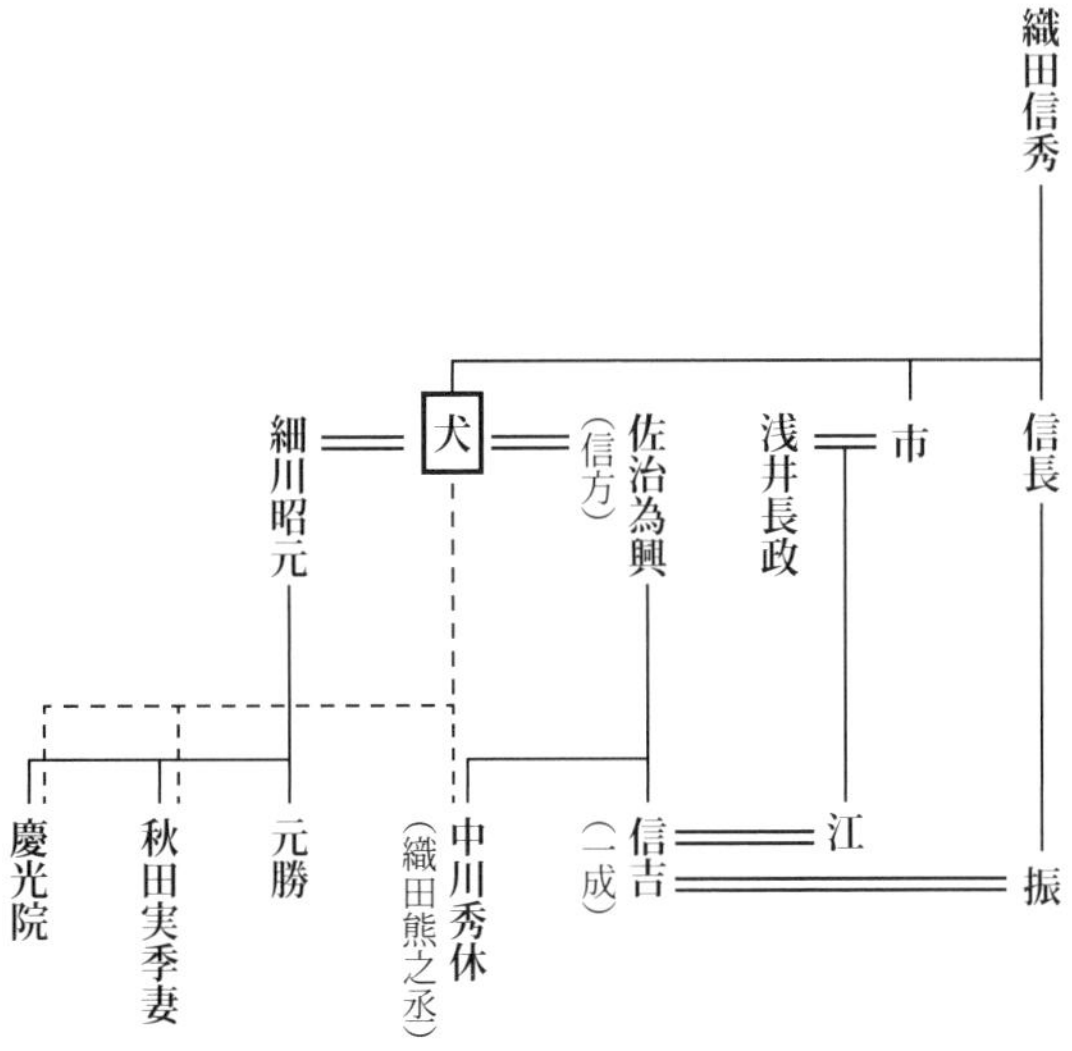

から、生年は永禄十二年（一五六九）とされる。父為興が二十歳の時の生まれで、為興が死去した時には、わずか三歳であったことになる。

ちなみに、為興の長男の実名については、一般には一成とされているが、発給文書によると正しくは「信吉」であった（『愛知県史資料編12』六二二号）。その後に一成に改名したのであろう。しかし信長・秀吉の時代には信吉を名乗っていたとみなされるので、本書では信吉の名で記すことにする。

お犬は、佐治為興の戦死にともなって離縁したと考えられている。その際、系図史料では二男一女の母となっているが、長男信吉がお犬の実子であったのかについて、福田千鶴氏（『江の生涯』）は疑問を呈している。幼少の嫡男を残して実家に帰っていることに関して、嫡男が実子であれば、「おふくろ様」として幼少の嫡男を後見し、実権を握るのが通例であるのに、そうしていないのは、信吉が実子ではなかったためでなかったか、というのである。この見解は極めて妥当といえ、その可能性は高いとみなされる。また次男秀休が、はじめは織田名字を称したと伝えられていることから、母をお犬と考える余地もあるように思われるが、そのことを当時の史料で確認することはできない。

明確なことは判明しないが、夫・佐治為興の死去にともなって、佐治家と離縁し、実家に戻っていることを重視すれば、福田氏が推測するように、信吉らはお犬の実子ではなかったと考えるのが妥当と思われる。かりに次男秀休が実子だったとしたら、離縁にともなって引き取り、そのため織田名字を称したと考えることもできるであろう。そしてお犬は、天正三年（一五七五）十月には管領家・細川昭元（のち信良）との婚約が成立しており、「織田家雑録」によれば同四年に結婚したという。

婚約直後、信長から京都で所領を与えられ、そこでは「御いぬ」と記されており、それにより通称が「お犬」であったことが裏付けられる。さらに同十年十月に、羽柴秀吉から所領を安堵《あんど》され、そこでは「大野殿」と記されており、当時は「大野殿」と称されていたことがわかる（瀧田前掲書参照）。その呼称は、初婚の佐治家の本拠・大野城に因むものなので、彼女は佐治家と離縁となってのちも、「大野殿」と称されていたことが知られる。そして同十年九月八日に死去し、法名を霊光院殿契庵宗倩大禅定尼といった。

先に掲げた「織田系図」「織田家雑録」によれば、細川昭元との間には、一男二女があったとされている。しかし長男元勝（一五六一～一六二八）は、その生年からみてお犬の実子ではない。娘のうち一人は出羽秋田領の秋田《あきた》実季《さねすえ》（一五七六～一六六〇）の妻（円光院《えんこういん》）で、嫡男俊季《としすえ》（一五九八～一六四九）の母であったといい、もう一人は比丘尼となって慶光院を称したという。秋田実季妻については、夫の実季の年齢から考えて、お犬の娘とみなしてよいであろう。

ではお犬は何年頃の生まれと考えられるであろうか。検討のための材料となるのは、最初の夫の佐治為興は天文十九年生まれとされていること、天正四年に細川昭元に再嫁し、その後に娘二人を産んだとみなされること、があげられよう。かりに細川昭元の娘を、天正五年、同七年で産んだとして、最後の出産年齢を三十歳とみると、生年は天文十九年と推測される。この場合は、最初の夫・佐治為興と同年生まれとなり、可能性は高いとみなされる。そうであればお市の方とお犬は、ほぼ同年の生まれであったことになる。

お犬は、十八、九歳で佐治為興と結婚したとすると、結婚は、永禄十、十一年頃のことと推測される。この場合、為興の長男信吉の誕生と時期が重なっていることは注意される。婚約はそれ以前に成立していたであろうが、長男信吉がお犬の実子とは考えられないことからすると、その誕生はお犬との結婚以前のことであった可能性が考えられる。織田家と佐治家の家格差からすると、お犬との結婚後に、庶出子が産まれることはないと考えられるからである。その場合には結婚は、永禄十二年頃であったことになる。また信吉は当初、嫡男として定められていなかったことも考えられる。お犬と結婚したからには、そこから産まれた男子が嫡男に定められたことであろう。ところが為興が三年後に死去したことで、お犬は離縁したため、信吉が嫡男となって、家督を継いだと考えられるであろう。いずれにしろお犬は、佐治為興との間に子どもを産むことがないまま、離縁になった可能性が高いとみなされる。それがゆえに、細川昭元に再嫁することができたのだろう。

最後に乃夫殿についてみておきたい。夫の織田信治は、天文十四年生まれと伝えられていて、娘が四人あり、いずれも一五六〇～七〇年代生まれの人物と結婚している。そのなかに信長九男の信貞がいた。父信治は元亀元年九月二十日に戦死しているので、彼女たちは同年以前の生まれとなる。四人が産まれているのであるから、最後の娘が元亀元年生まれとしても、最初の娘は、永禄七年頃の生まれの可能性が想定される。このことからすると、乃夫殿は、お市の方・お犬よりも年長であったと推測できる。

ここまでの検討から、信秀の娘として、長女に遠山直廉妻、次女に犬山殿があり、ここまでが信長の姉であったと思われる。以下は信長の妹であったとみなされ、三女に小林殿、四女に乃夫殿があったとみなされる。そしてお市の方とお犬があったとみなされるが、両者の長幼関係はただちには決められない。当時における結婚年齢や子どもの出産年齢をもとに仮定すると、お市の方とお犬はともに同十九年の生まれの可能性を想定できるが、お犬が三十歳を少し過ぎた時期に出産していたとすると、生年はお市の方より前でもおかしくなくなるからである。

このことを検討するには、佐治信吉の生年が正しく永禄十二年であったのかどうか、そして誕生が、お犬が佐治家にあったなかでのことか、そうではなかったか、にかかっている。先に述べたように為興がお犬との結婚後に、庶出子を誕生させることは考えがたい。先ほどは、そのことを前提に、信吉の誕生をお犬の結婚前とみる見方を示した。しかしお犬に子どもがなかなか産まれなかったため、あるいは出産しても早世してしまう状況にあったため、為興が妾をもつことを認められ、信吉が生まれたと考えることも可能である。いずれの見方が妥当なのか、にわかには決めがたい。

その際に考える材料となるのは、結婚相手の政治的立場となろう。長女は、前代から婚姻関係にあった国外勢力の美濃苗木遠山家と結婚しているが、犬山殿・小林殿・乃夫殿は、いずれも尾張国内の勢力、織田家一族と国主斯波家一族との結婚となっている。年齢から考えると、小林殿以下は、信秀の死去後、信長のもとでの結婚であったとみなされる。そこで尾張勢力と結婚しているということは、信長が尾張統一を果たす永禄八年までの結婚であり、それは尾張統一にともなう政治行動とみることができる。

お市の方とお犬の結婚は、その後におけるものとなるが、その場合、お市の方が国外の政治勢力である近江浅井家と結婚しているのに対し、お犬は国内勢力の大野佐治家との結婚であることが注意される。政治的順序からすると、尾張勢力との結婚が先で、国外勢力との結婚が後と考えられる。もしお犬がお市の方の妹であったとしたら、お市の方が近江浅井家と結婚したのちに、お犬が国内勢力と結婚するというのは、考えにくいと思われる。浅井家のほかにも、国外勢力との間で婚姻関係を結ぶ機会はいくらでもあったろうし、その必要性も存在していたことと思う。そうであるからには、国内勢力と結婚したお犬は、お市の方の結婚より前に、佐治家と結婚していた可能性が高いと思われる。

またさらに、その時期については、永禄八年の、信長の姪で養女とした竜勝寺殿（遠山直廉妻の娘）と武田勝頼との結婚との兼ね合いを考える必要があろう。この結婚も国外勢力との結婚であり、養女にしているということは、信長娘であることが必要であったからであり、その時、信長の長女・五徳《ごとく》はまだ七歳にすぎなかったため、姪を養女にしたと考えられる。そしてお市の方が天文十九年くらいの生まれであれば、この時は十六歳であった。武田勝頼はその時に二十歳であったから、竜勝寺殿はお市の方よりも勝頼の年齢に近かった可能性が想定される。お市の方を勝頼と結婚させるという選択肢もあったと思われるが、そうなっていないのは、勝頼との年齢の近さが重視されたのだろうと思われる。

ではお犬についてはどうであったと考えることができるであろうか。お犬がお市の方よりも年少であれば、ここで勝頼との結婚の候補者にならなかったことは間違いない。しかし先に述べたように、お市の方の結婚後に、国内勢力と結婚していることは考えにくい事態であった。その疑問を解消するには、お犬はお市の方よりも年長と考えなければならなくなる。しかしその場合でも、せいぜい一、二歳の違いでしかなかったであろう。天正五年以降にも子どもを出産しているからである。一、二歳年長であったとすれば、生年は天文十七、八年となり、武田勝頼との結婚時期には十七、八歳であったことになる。そうであれば勝頼の結婚相手となって何ら不思議ではない。しかしそうなっていないのは、すでに佐治為興と結婚もしくは婚約していたからとしか考えられない。そう考えた場合、結婚は信長が尾張統一を果たす以前のことになり、お犬が国内勢力と結婚していることについても整合性をとれる。

その場合、佐治為興は天文十九年生まれというから、お犬はそれよりも一、二歳年長であったことになる。そして天正四年に再婚した時は二十八、九歳のこと、同七年くらいに二人目の娘を産んだとしたら、それは三十一、二歳のことになる。その場合、三十歳近くでの再婚という事態について、なぜお犬であったのか、ということも気になる。その時点で、生存を確認できない遠山直廉妻を除いて、他の姉妹はすべて未亡人になっていた。とはいえ、犬山殿・乃夫殿、そしてお市の方には子どもがいた。年齢を考慮しなければ小林殿もありえたのであろうが、そこでは年齢が若いお犬が選ばれたのであろう。

以上の検討をもとにすると、お市の方は、信秀の娘のなかでは最年少であった可能性が高いと思われる。そして結婚適齢期になった時期に、ちょうど信長は国外勢力との外交関係を積極的に展開するようになっていて、そのためにお市の方は、姉たちとは異なって、国外勢力と結婚することになったのであろうと考えられる。

母はどのような存在か

これまでの検討によって、お市の方は、おおよそ天文十九年（一五五〇）頃の生まれと推定され、信秀の娘たち、すなわち信長の姉妹たちのなかで、末っ子にあたっていたことが想定された。ではその母はどのような立場の人物と考えられるであろうか。もっとも信秀の娘たちの母について記す史料は、江戸時代成立のものでも存在していないから、これを追究する手立てはない。むしろここで問題とすべきは、信秀の家督を継いだ兄信長の母

（「大方殿様」・報春院《ほうしゅんいん》）と同一であったのかどうか、違ったとすればお市の方の母はどのような立場と考えられるか、ということになる。

　まずは信秀の妻妾について、これまでの研究で取り上げられている内容をみてみることにしたい。信秀の妻妾として確実なのは、信長らの母だけである。尾張土田《どた》下総守《しもうさのかみ》政久の娘とされ、一般には「土田御前」と称されているが、当時の呼称ではない。またこのこと自体は、当時の史料で検証されているわけではない。土田氏の存在も明確ではなく、その出自については今後において検討していく必要がある。それが事実としても、清須織田家の一門にして重臣であった信秀と家格が対応していたとは考えにくく、その場合には、当初は妾（女房衆）であったが、長男の信長が信秀の嫡男に定められたことにより、その母であることをもって、妻の立場に昇格したことも考えられる。

　岡田正人氏は、信秀の妻妾として所伝のあるものとして、この報春院のほか、池田《いけだ》恒興《つねおき》母（小田井織田信直妻母）、中根信照母、織田敏信娘、長谷川秀一母をあげている。そのうち池田恒興母は、娘の織田信直妻が先に述べたように、実際には信秀の弟・信康の娘と推定されるので、その信康の妻であったとみなされる。中根信照母は、中根氏の娘と伝えられていて（「織田家雑録」）、信照は母の実家を継承しているから、母は妾で、信照は庶出とみなされる。信秀の庶長子・信広と同母とする所伝もあるという（谷口前掲書）。また長谷川秀一母については、所伝の域を出ず、確実性に乏しいとみなされている。

織田敏信娘というのは、「織田系図」などにみえているものであるから、一定の信憑性が認められる。「織田伊勢守敏信」は岩倉城主とされ、「織田伊勢守敏定」の子、「織田伊勢守信安」の父に位置付けられているが、その存在は、当時の史料で確認されない。このうち敏定は、正しくは清須織田家の当主で、大和守《やまとのかみ》を称していた。そのためこの系譜は、清須織田家と岩倉織田家が混在しているものになる。

しかしこの所伝から、信秀がどちらかの織田家の娘を妻に迎えたことは想定できる。岡田氏はその出自から、信秀の正妻であった可能性を想定しているが、妥当であろう。あえて推測するならば、本家にして主家であった清須織田家の娘（世代的には達定の娘にあたるか）で、男子が生まれなかったか早世したため、その女房衆であった土田政久娘が、信秀の妾になり、信長らを産み、それにより信秀の妻になり、信長が嫡男になった、という経緯を推測できるかもしれない。

いずれにしても信秀の妻妾として、存在を確認できるのは、信長らの母・報春院だけであった。その子どもについて、横山住雄氏は、連歌師宗牧の記録から、信長（「三郎」）・信勝（「次郎」）・信兼（「菊千代」）の三人とみている（『織田信長の系譜』）。妥当な見解とみなされる。信長の生年は天文三年、信勝の生年は不明だが、同五年くらいであろうか。信兼の生年は同十二年とみなされている。したがって報春院は、およそ十年におよんで、信秀の子どもを産んだとみなされる。信長を産んだ時に二十歳とすると、信兼を産んだ時には二十九歳になり、そのことからその後は子どもを産んでいない可能性が高いとみなされる。

報春院の所生として確認できるのは、信長・信勝・信兼のみということになり、そうであればそれ以外の子どもは、すべて庶出であったとみなされる。信秀の娘たちについてどうであったのか明らかにならないが、何人かは報春院の子どもであった可能性はあるだろう。しかしその可能性は、信長と出生年が近いとみなされる、遠山直廉妻・犬山殿・小林殿についてはは想定できると思われるが、それより年少の娘については、その可能性はないとみてよい。したがってお市の方についていえば、母は報春院と別人であったと考えて間違いない。

そうするとその母の立場は、信秀の妻ではなく、妾であったと考えられる。では同母のきょうだいはいたのであろうか。そのことについては、現時点においては全く不明とせざるをえない。もし同母のきょうだいがいたとすれば、お市の方の三人の娘の茶々・初・江にとっては、近い血縁にあたったことになり、そうであれば茶々や江が活躍していた時期には、親密な関係を形成したことであろう。しかしそのような存在を容易には見いだせない。せいぜい羽柴秀吉死後の羽柴家において、茶々所生の秀頼が当主の時に、織田長益が秀頼の「親類衆筆頭」の立場にあったので、もしかしたら長益が同母であった可能性が考えられる程度にすぎない。今後、秀吉以降の時期における織田家一族の動向については、そのような観点から追究していく必要があるように思う。

信長の養女となったか

お市の方は、これまで検討してきたように、天文十九年（一五五〇）頃の生まれで、信秀の娘としては末っ子にあたる存在であったとみなされる。父信秀は、同二十一年三月三日に四十二歳で死去している。信秀が死去した時には、わずか三歳ほどにすぎず、したがってその成長は、兄信長の庇護のもとで遂げられたことになる。兄信長とは、十六歳ほど離れていた存在であった。

そして永禄十年（一五六七）に、兄信長の差配により、近江小谷領の浅井長政と結婚するのであった。本章の最後で検討しておきたいのは、その時のお市の方の立場が、信長の妹としてであったか、それとも信長の養女としてであったか、ということである。江戸時代成立の史料のなかに、お市の方は、信長の養女となったとする所伝がみられているからである。お市の方の立場が、信長の妹であったのか、それとも養女であったのかは、その立場を認識するうえで重要な問題となる。

お市の方が、浅井長政との結婚に際して、信長の養女となったと伝えるものに、「賤嶽合戦記」があり、「勝家北の方は信長公の御妹おいち殿と申しけるが、公御むすめ分に成され、江州《ごうしゅう》小谷の太守浅井備前守長政へ遣わされける」(『大日本史料一一編一冊』八二七頁)と記している。ここには、お市の方は信長の「御むすめ分」とされたうえで、浅井長政と結婚したと記されている。同史料の成立年代は明確になっていないが、「続群書類従」巻五八八所収本の奥書《おくがき》には、「酒井修理大夫源忠直家蔵本をもって謄録す」とある。

同史料を所蔵していた酒井忠直(一六三〇〜八二)は、若狭小浜領の大名であり、正保《しょうほう》元年(一六四四)に修理大夫に任官しているので、この奥書を信用すれば、同史料はその後から酒井忠直が死去するまでの間に成立していた、すなわち江戸時代前期の終わりには成立していたとみなされる。そうであれば、江戸時代成立の史料のなかでは早い時期の成立といえ、一定の史料価値をおくことができる。ちなみにここでもお市の方の名を「おいち」と記しているので、ここからもその所伝の確かさを認めることができよう。

そうするとこの「御むすめ分」という内容にも、一定の価値を認めざるをえない。ではそのことを当時に近い時期に成立した史料から、裏付けることはできるのであろうか。そのことを検討する材料として、四つの史料があげられる。まずは各史料の内容をみていくことにしたい。

一つ目は、「当代記」の記述である。天正元年（一五七三）に浅井家滅亡に関わって、

備前守嫡子万福と云うこれ有り、越前へ人質として指し越し、越前平均の後、加賀国へ行きて隠れたりしが、盲人と成る間、母又は祖母公〈信長御袋〉を頼りて出でたりしを、近江国木本にて信長より誅さる、

と記されている（前掲刊本一九頁）。浅井長政の嫡男・万福丸は、越前朝倉家に人質として送られていて、朝倉家が信長によって滅亡させられた後は、加賀に逃れていたが、盲人になってしまい、浅井家滅亡をうけて、母（お市の方）と祖母（信長母・報春院）を頼って出頭してきたことが記されている。そして近江木本（長浜市）において信長に誅されたとさ

れる。万福丸死去の状況についてよく引用されるのは、『信長公記』の記載であるが、これはそれとは異なっている。その当否についてはあとの章で検討することとし、ここで注目しておきたいのは、母のお市の方と信長母を頼って出頭してきた、ということである。

ここでお市の方が「母」とされているのは、万福丸は庶出ではあったが、浅井長政の嫡男として、お市の方と養子縁組をおこない、その実子に位置付けられていたことを示している。このことについてもあとの章であらためて検討する。そのうえで信長母の報春院を頼っていることが注目される。これは信長に取り成しできる織田家の女性の最高位に、報春院が位置していたことによると考えられる。当時、信長に正妻がいたのかは定かではない。それ以前に正妻であった斎藤道三娘（いわゆる「濃姫《のうひめ》」「帰蝶《きちょう》」）は、同年に死去していたとみなされている。信長が新たな正妻を置いていなかったとすれば、織田家の「家」妻の地位は、報春院が担っていたことが推測できる。そのためお市の方は、報春院を頼ったのであろう。

二つ目は、「渓心院文」である。お市の方は浅井家滅亡後、信長のもとに引き取られるが、そこでは、

御いちさまと御ひめさま御三かたは、のぶ長様のおじご（織田信次）さまの御かたへ
御のけなされ候よし、其の後のぶ長さま御やっかいにて御座候、

とあり、当初は信長の叔父の庇護をうけ、その後に信長自身の庇護をうけたことが記されている。すでに宮本氏が指摘しているように、浅井家滅亡の時点で生存していた信長の叔父は、信秀の末弟で尾張守山城主の織田信次しか存在していないので、この「おじご」は信次にあたるとみなされる。しかし織田信次は翌天正二年に戦死するので、それをうけてお市の方母子は信長から庇護をうけることになったのである。

三つ目は、「祖父物語」で、

浅井にはなれさせ玉いて、御袋と一所におわしけるが、

とあって、浅井家滅亡後は、母（「御袋」）と同居したと記されている。ここでは当初から信長から庇護をうけたように記しているが、それについては「渓心院文」の記載を優先すべきであろう。そうするとここでの記載は、織田信次の死去後、信長から庇護をうけた時

のことをいっているとみれば、内容に整合性をみることができる。その際に、報春院と同居したことを伝えているものになる。

最後の四つ目は、信長の百日忌法要を主催していることである（「天徳院殿卒哭忌拈香」）。信長の死去後にその法要を主催したのは、信長の五男で羽柴秀吉の養嗣子《ようしし》であった羽柴秀勝と、このお市の方の二人だけである。それぞれ羽柴秀吉と柴田勝家の主導によるとみなされる。このことの意味についても、あとの章であらためて検討することとして、ここでお市の方が法要を主催できていることに注目したい。法要の主催は、後継者かそれが存在しなければ正妻がおこなうのが通例になる。それらも存在しない場合は、嫡出の娘などの場合があった（武田信玄の十三回忌は嫡女・見性院殿が主催した）。

この時に、法要の主催を信長嫡出子の信雄や五徳がおこなっていないことの理由はわからないが、お市の方がおこなっていること自体は、単なる「妹」の立場では考えられないように思う。もし「妹」であったにすぎなかったら、お市の方よりも、織田家継承において優位に位置した人々が、多く存在していたとみなされるからである。法要を主催したもう一方の羽柴秀勝は、信長の実子であったことからすると、お市の方の立場はそれに匹敵するような立場にあったとみることができるとみなされる。

これら四つの史料をみてみると、お市の方が信長の養女とされていたかどうかについて、どのように考えられるであろうか。「当代記」からは、報春院と密接な関係の存在をうかがうことはできたが、むしろ当時、織田家の「家」妻として、報春院が存在していたことを示している。「渓心院文」は、当初は叔父・織田信次の庇護をうけているが、信長の養女であったなら、当初から信長の庇護をうけてもよいように思われる。逆に「祖父物語」では、信長の庇護をうけた際には、報春院と同居したというのは、お市の方が織田家嫡流に近い立場にあったことを示している。そして信長百日忌において法要を主催したことは、同様にお市の方が織田家嫡流に位置していたことを示しているとみなされる。

このうち織田信次の庇護をうけたということについて、どのように考えるべきかは、当時における織田信次の政治的役割がわからないと判断がつかないが、それ以外の内容は、お市の方が、単なる信長の庶出の妹ではなく、嫡流に近い立場に位置していたことをうかがわせるととらえられる。養女ではなかったにしても、報春院と養子縁組して、嫡出子の立場になっていた可能性も想定できる。養女であったのかは、まだ確信をもてるまでにはいかないが、法要を主催していることからすると、その可能性はかなり高いと思われる。ここではお市の方は、信長の養女になっていた可能性は高かった、とみておきたい。

第二章

浅井長政との結婚

結婚に関する唯一の史料

お市の方は、永禄《えいろく》十年（一五六七）に近江小谷領《おうみおだにりょう》の国衆《くにしゅう》・浅井長政《あざいながまさ》と結婚する。浅井長政は天文《てんぶん》十四年（一五四五）生まれであるから、お市の方が同十九年生まれであったとすれば、お市の方より五歳年長にあたったことになる。

お市の方と浅井長政の結婚に関する史料は、現在のところ一点しか存在していない。それが先にも少し触れた、次に掲げる和田惟政《わだこれまさ》の書状（「福田寺文書」『戦国遺文佐々木六角氏編』九五六号）である。

御書畏《かしこ》まり拝見せしめ候、仍《よ》って浅井備前守《びぜんのかみ》（長政）と（織田）信長縁変〔辺〕入眼《じゅがん》し候と雖《いえど》も、先《ま》ず種々申し延〔述〕べ信長別義〔儀〕無く候、猶以《なおもっ》て自心〔身〕切々に調略し候条、由〔油〕段無く疎意に存ぜず候、急度《きっとまか》罷り上《のぼ》り御意を得《ぎょいう》べく候、委細は

山岡美作守《みまさかのかみ》（景隆）へ申し渡し候際、此等《これら》の趣き宜しく御披露に預かるべく候、恐々《きょうきょう》謹言《きんげん》、

十二月十七日　　惟政（花押《かおう》）

三雲新左衛門尉《みくもしんざえもんのじょう》（成持《しげもち》）殿

三雲対馬守《つしまのかみ》（定持《さだもち》）殿

（現代語訳）

御書状をありがたく拝見しました。さて浅井長政と織田信長の縁組みが実現したけれども、何はともあれいろいろのことを申し入れて信長に差し障りはありません。なおさら自分でしばしば調略しているので、怠りはなくないがしろにしてはいません。必ずそちらに赴いてお考えをお聞きするつもりです。詳しいことは山岡景隆に伝えているので、これらの内容を（六角義賢《ろっかくよしかた》に）御報告をお願いします。

差出人の和田惟政（一五三〇か～七一）は、翌年に室町幕府十五代将軍となる足利義秋《あしかがよしあき》（のち義昭、一五三七～九七）の側近家臣であり、受取人の三雲定持・成持は父子で、近江六角義賢の家老である。そして文中に出てくる山岡景隆は六角家の家臣である。

これは、三雲父子から和田に書状が送られてきて、それへの返書にあたる。浅井長政と織田信長の縁組みが成立したものの、和田から信長に申し入れをしていて、信長には六角家に対して差し障りを感じてはおらず、しかも和田自身で働きかけしているので、六角家をないがしろにしてはいないことを示したうえで、六角家のもとに赴く意向を伝えている。足利義秋は六角家を味方にしようとしていて、和田惟政がその工作にあたっていて、六角家側では三雲父子が窓口になっていた状況にあったとみなされる。

足利義秋方の働きかけは、翌年におこなわれる上洛を見据えての、六角家を味方につける工作であった。そのことを和田から三雲父子に申し入れしたところ、三雲父子からは、浅井長政と織田信長の縁組みが成立したことについて、不審が示されてきたとみなされる。それは六角家が浅井家と敵対関係にあったためであろう。それに対して和田は、信長にいろいろと働きかけして、信長には六角家のことを差し障りに思っていない、すなわち敵対の意思はないこと、六角家への配慮に怠りがないことを示している。

この文書の年代は、現在では永禄十年に確定されている。しかし以前は、同八年に比定する見解があった。さらに浅井長政と織田信長の同盟成立を同年より以前にみる見解では、長政が受領名《ずりょうめい》（朝廷の地方官にちなむ通称）・備前守を称する同四年から、和田が死去する元亀《げんき》二年（一五七一）までのもので、特定の年代に比定することはできない、という考えが出されていた。しかし足利義秋側近の和田が、六角家に味方になることをはたらきかけるのは、足利義秋が将軍候補の立場になった同八年以降でしかありえない。さらに足利義秋と六角家の関係が良好でなくなるのは、同九年以降のことなので、この文書の年代は、同十年に限定されるのである。

そのためこの文書によって、永禄十年十二月には、お市の方と浅井長政の結婚が成立していたことを確認できるのである。しかも文面をみると、六角家から、そのことについて不審の意が示されているのであるから、その結婚はそれよりさほどさかのぼらない時期のことであったことがわかる。

結婚の経緯

この永禄十年（一五六七）という年は、よく知られているように、織田信長が美濃《みの》一色《いっしき》家（もと斎藤家）を滅亡させ、美濃国の経略を遂げた年にあたっている。

信長はこの年、八月に一色家重臣の稲葉《いなば》良通《よしみち》・氏家《うじいえ》直元《なおもと》・伊賀《いが》（もと安藤）守就《もりなり》のいわゆる美濃三人衆を味方につけ、一色義棟《よしむね》（いわゆる斎藤竜興《さいとうたつおき》）を本拠の美濃稲葉山城（岐阜市）から没落させた。一色義棟は伊勢長島（桑名市）に逃れたため、信長は同地に進軍し、一色義棟に味方した北伊勢国衆を攻撃した。そして九月、美濃経略を遂げると、本拠を稲葉山城に移して、これを岐阜城と改名した。そのうえで十一月に、「天下布武《てんかふぶ》」印の使用を開始している。この印判は、かつては「天下一統」の意向を表明するものと考えられていたが、現在では、室町幕府を中核にした「天下再興」の意向を表明するものと理解されている（柴裕之『織田信長』）。

お市の方が浅井長政と結婚したのは、先の和田惟政の書状から十二月十七日の直前頃のことであった。信長は「天下布武」を表明すると、そのスローガンの通りに行動を開始していて、十二月一日には大和興福寺《やまとこうふくじ》に、足利義秋に供奉《ぐぶ》して上洛する意向を伝えている。お市の方の結婚は、そうしたなかで実現されたものになる。具体的な交渉の経緯や婚儀の日時は判明しないが、美濃の経略を遂げたのが九月であったから、その直後から浅井家との交渉をおこなったと推測されよう。この婚姻をどちらから持ちかけたのかについても明確でないが、信長と長政の通信を示す最初の史料になるのが、次に掲げる九月十五日付けの浅井長政の書状である（「古文書纂二四」所収文書・宮島前掲書一六七頁）。

未だ申し述べず候と雖も、啓し達し候、尾張守《おわりのかみ》殿（織田信長）へ書状を以て申し候、宜しく御執りに預かるべく候、仍って太刀《たち》一腰《ひとこし》・馬一疋《うまいっぴき》を進覧し候、向後申し承るべき便までに候、尚《なお》氏家方（直元）・伊賀方（守就）伝説有るべく候、恐々謹言、

九月十五日　長政（花押）

市橋伝左衛門尉（長利《ながとし》）殿

御宿所

（現代語訳）

まだ通信していませんが、書状を出しました。織田信長殿に書状で通信しました。よろしく御取り成し下さい。さて太刀一腰・馬一疋をお贈りします。今後のお付き合いのついでです。なお氏家直元殿・伊賀守就殿から伝言があります。

これは長政が信長家臣の市橋長利に出した書状で、信長に宛てた書状の取次を依頼しているものになる。このことからこれが、長政から信長に通信をした最初の時期のものとみなされる。そしてこの書状が市橋にもたらされたのは、美濃三人衆の氏家・伊賀の取次によるものであった。この文書の年代については、この文書が取り上げられた当初から、永

禄十年に比定されている。長政から信長への通信が、氏家・伊賀の取次によることから、両者が信長の家臣になった永禄十年八月以降であることが確実であり、翌年にはすでに長政と信長の同盟関係が成立しているので、その年代は永禄十年に限定される。この文書にみえている長政の花押型も、まさしくこの時期のものである。

この文書から、それまで長政と信長との間には、通信がなかったことがわかる。ここで長政は、市橋を取次にたのんでいて、その市橋に対して「未だ申し述べず」と述べているのは、通信したことがなかったからである。しかもそのような文面になっているということは、これが信長から書状が送られてきてそれに返書したものではなく、長政のほうから通信をはたらきかけたことがわかる。九月十五日という日付から考えれば、信長が美濃を経略したことをうけて、長政は信長と良好な政治関係を構築するため、通信をはかったと考えられる。そしてその際に、信長方への取次にたのんだのが、氏家直元・伊賀守就であった。あるいは両者があらかじめ、長政に、信長に通信することをはたらきかけてきて、長政はそれに応じた、ということも考えられる。

いずれにしても長政は、信長の美濃経略をうけて、信長に通信したのであった。そしてそれから二、三ヶ月後に、お市の方と結婚したのであった。結婚についてどちらからはたらきかけたのかは判明しないが、長政からの通信をうけて、信長はそれに応じ、両者の間で軍事同盟を成立させることになり、それにともなって、同盟関係を強固なものとするために、婚姻の成立がはかられたのだろうと考えられる。

この時、長政は二十三歳、お市の方は十八歳くらいであった。ではなぜ結婚相手にお市の方が選ばれたと考えられるか。信長の娘については、長女の五徳《ごとく》がまだ九歳で、かつこの年に、三河《みかわ》徳川家康の嫡男で同い年の松平竹千代（信康）と結婚していた。次女の年齢は判明していないが、五徳よりも年少であったろうから、とても結婚できる状況にはなかったに違いない。

その場合、候補になるのは妹か姪となるが、妹については、前章で検討したように、お市の方は末っ子とみなされ、その姉たちはすべて結婚ないし婚約していた可能性が高い。姪については、これより二年前に甲斐《かい》武田《たけだ》信玄《しんげん》の四男・諏方《すわ》勝頼《かつより》と結婚した竜勝寺殿の存在が知られているにすぎない。その他にも姪は存在していたであろうが、いずれもまだ年少で、長政と結婚できるような年齢でなかったと思われる。そうした状況のなか、たまたまお市の方だけが結婚適齢期にあった。そのためお市の方が選ばれたと考えられる。むしろ彼女しか候補者たりうる人物はいなかった、というのが実情であったとすらいえよう。

もしお市の方の存在がなかったらどうなっていたであろうか。おそらくそもそも、長政と信長の縁組みが構想されること自体がなかったに違いない。どうしても縁組みを成立させることになったとしたら、まだ四歳の長政長男の万福丸《まんぷくまる》と、信長の幼少の娘の婚約となったかもしれない。こう考えていくと、戦国大名・国衆の婚姻関係というものが、偶然の状況をもとに成り立つものであったことが認識される。

浅井長政の前半生

ここで夫となる浅井長政について、ここまでの経歴を確認しておくことにしよう。長政の生涯について、現在のところ最新の研究成果になっているのは、宮島敬一氏と太田浩司氏の著書である。ここではそれらを参照しながら、お市の方と結婚するまでの、長政の前半生についてまとめることにしたい。

長政は、浅井久政《ひさまさ》の嫡男で、母は浅井家家臣・井口経元《いぐちつねもと》の娘（阿古御料《あこごりょう》）とされる。同母の姉妹に、主家・京極高吉《きょうごくたかよし》の妻（養福院・マリア）がいたとされている。ちなみにその嫡男の高次の妻になるのが、長政とお市の方の次女・初《はつ》である。幼名は、父久政のものを襲名して猿夜叉《さるやしゃ》といったという。永禄二年（一五五九）正月に、十五歳で元服した。仮名《けみょう》は、父久政のものを襲名して新九郎を称した。実名は、近江六角義賢から偏諱《へんき》をえて、賢政《かたまさ》を名乗った。そして元服と同時に、六角家重臣の平井《ひらい》定武《さだたけ》の娘を妻に迎えた。すなわち国衆《くにしゅう》として存在した。

この時期、浅井家は、主家の京極家を擁立しつつも、六角家に従属する立場にあった。とは、そのことの何よりの証左である。実名に偏諱をえていること、重臣の娘を妻に迎えていることう。これは六角家との断交を示す行為といってよく、賢政の元服を機に、浅井家の内部では六角家への外交路線をめぐって対立が生じるようになったとみなされている。ただこの時代にあっても、敵方となった相手との婚姻を、離別によって破棄するという行為は、必ずしも一般的ではないので、これは珍しい事例になる。そして同年九月には、六角家に敵対し、六角家から攻撃をうけていることが確認されている。この外交路線の転換について、宮島氏は、江戸時代成立の軍記史料「江濃記《ごうのうき》」をもとに、赤尾氏以下の重臣たちの「評定《ひょうじょう》」によるものであったと指摘している。

そのうえで同三年六月から十月の間に、久政は隠居し、賢政が家督を継いだ。わずかに十六歳であった。この後、小谷領の領国統治については、すべて賢政の発給文書でおこなわれている。十六歳という年齢からすると、父久政が依然として家長として存在したと思われ、実際にその後も外交関係などに関与していることが確認されている。賢政は当主として、領国統治にあたるが、外交関係などについては、久政と賢政の共同統治がおこなわれていたとみなされる。そのため宮島氏はその状態を「二頭政治」ととらえている。

そして同四年正月に、賢政は歴代の受領名である備前守に改称し、それにともなって久政は下野守《しもつけのかみ》に改称した。さらに同年五月頃に、賢政は実名を長政に改名した。これは賢政の実名が、六角義賢から偏諱をうけたものであったので、その「賢」字を廃したものになる。それは六角家との決別の意思を明確に示すものとみなされる。しかしこの偏諱を廃するという行為も、一般的であったわけではない。新たに従属した先から偏諱を得て改名する場合は多くみられたが、そうでないのに偏諱を廃して改名するという事例は、ほとんどみられない。著名な事例としては、徳川家康が、駿河《するが》今川義元《いまがわよしもと》から偏諱をえていた元康《もとやす》の実名を、家康に改名したことがあげられるが、決して一般的にみられたのではなかった。

なおこの長政への改名について、根強い見解として、織田信長から偏諱をえたとするものがある。六角家からの偏諱を廃して、改名したからには、他者から新たな偏諱をえたことによると考えて、長政の周辺を探して織田信長に行き当たっての考えとみなされる。しかしこの見解は成立しない。なぜなら先に述べたように、長政が織田信長と通信するのは、永禄十年九月になってからなので、それ以前の時期における政治関係の存在はありえないからである。長政の「長」字が、何に由来するのかは明らかにならないが、浅井家では代々、通字《とおりじ》の「政」字を下字に構成しているので（亮政・久政という具合）、この場合もそれに倣ったものと考えるのが妥当であろう。

長政にとって課題となったのは、六角家との抗争の展開であった。六角家は美濃一色家（斎藤家）と同盟を結んでいて、永禄三年七月には、六角義賢（当時は法名承禎《ほうみょうじょうてい》）の嫡男ですでに家督を継承していた義弼《よしすけ》（のち義治《よしはる》）と一色義竜《よしたつ》の娘との婚姻が画策されていた。同年八月には、六角軍が浅井領国に侵攻してきて、長政（当時はまだ賢政）はこれを野良田《のらだ》（彦根市）合戦で撃退したといわれている。これをうけて十二月に、一色家が六角家支援のために浅井領国の境目まで進軍してきたため、賢政は防備を強めている（木下聡『斎藤氏四代』）。六角家と一色家が、協同して浅井家に対抗していた状況がわかる。

さらに同四年三月には、六角家による大規模な侵攻があり、佐和山《さわやま》城（彦根市）は一旦は攻略され、城主百々隠岐守《どどおきのかみ》は切腹に追い込まれ、六角軍は浅井家の本拠・小谷城に向けて進軍してくるほどであったが、長政はこれをどうにか撃退し、また佐和山城も奪還したといわれている。そして同年七月、六角義賢・義弼父子が京都の政争に関わって京都に進軍すると、長政は反撃をはかって、六角方になっていた太尾城《ふとお》（米原市）を攻略しようとしたが、果たせなかった。長政にとって六角家は、容易に対抗できない強敵として存在していた。

ところがその後、長政に幸運が訪れた。永禄六年十月一日に、六角家で観音寺騒動《かんのんじ》が勃発したのである。この内乱によって、六角義賢・義弼父子はしばらく本拠の観音寺城（滋賀県安土町）から退去せざるをえない状態となった。六角父子が内乱を鎮圧し、本拠に復帰した時期については明確にはわかっていないようであるが、同八年にはおおよそ落ち着くようになっていたとみられている。

この六角家の内乱を長政が見過ごすはずはなかった。長政は内乱勃発を把握すると、十月六日には出陣し、六角家領国への侵攻を展開した。詳しい経緯は判明していないようであるが、同七年には湖西の高島郡域に勢力をおよぼし、同九年七月には近江南部の蒲生郡《がもうぐん》に浅井軍ないしその味方勢力が在陣しており、同年九月には「江州大合戦」があって、「南衆（六角家）打ち死に」と記されていることから、長政が勝利したとみられている。そうして同十年三月には、長政の領国は、愛智郡《えち》・坂田郡にまでわたっていたことが確認されている（村井祐樹『六角定頼』）。

長政は戦国大名か、国衆か

浅井家は、当初は六角家に従属する立場にあったが、そこから自立して、六角家との抗争を展開するようになっていた。これまで一般的には、この時期の浅井家の立場については、自立した戦国大名とみなされることが多かった。ところが近年になって、越前朝倉家《えちぜんあさくら》に従属する立場にあったことが指摘されるようになっている。それにもとづけば、長政は、戦国大名の立場にあったのではなく、朝倉家に従属する国衆の立場にあったことになる。

長政が朝倉家と親密な政治関係を形成していたことが確認されるのは、永禄四年（一五六一）六月からのことのようである。この時、朝倉家は若狭《わかさ》武田家への支援のため、若狭に進軍していて、そのことが浅井久政に伝えられている。このことからこの時には、浅井家と朝倉家は親密な政治関係にあったとみなされている（佐藤圭「朝倉氏と近隣大名の関係について」）。この時期の浅井家は、すでに長政が家督を継いでいたが、先に述べたように、久政は引き続いて軍事・外交に関与していた。久政が朝倉家と連絡をとりあっているのは、そのことを示している。

その直前の時期にあたる前年の永禄三年七月に、六角義賢は、嫡男で当主の義弼の妻に、朝倉家の娘を迎えることを検討していたところ、家老たちが義弼の妻に一色義竜の娘を迎える段取りをつけたことが知られている。六角義賢は、朝倉家との同盟を図っていたのであったが、当主義弼は、一色家との同盟成立をすすめたのであった。ともに離叛《りはん》した浅井家への戦略として画策したものであろうが、六角家では、同盟締結の相手として、朝倉家ではなく、一色家を選択したのであった。しかもその直後から、浅井家と六角家の本格的な攻防が展開されている。

浅井家と朝倉家の政治関係は、同四年六月には確認されることからすると、浅井家は、六角家と抗争を展開するにあたって、六角家が一色家と同盟関係を結んでいたことに対抗し、朝倉家に支援を求めて、朝倉家との政治関係を構築した、と考えられる。しかし浅井家と朝倉家との政治関係は、対等の同盟関係ではなかったとみられている。すなわちそれは、朝倉家を主人とし、浅井家はその家来の立場にあって、朝倉家に従属する関係にあり、そのため浅井家の政治的立場は、独立した戦国大名ではなく、戦国大名に従属する国衆であった、というものであった。

そのような見解が出されるようになったのは、一九九〇年代半ばからのことになる。最初の指摘は、朝倉家が出す直状式《じきじょう》（発給者が自分の意向で出すもの）の文書の書き止め文言が、「仍って件《くだん》の如《ごと》し」であるのに対して、浅井家のそれは、それよりも格が低い「仍って執達《しったつ》件の如し」であり、その文言を上位者の意向を承《う》けた奉書《ほうしょ》文言と理解して、浅井家の文書発給は、朝倉家の上意を承けたものであり、その立場は朝倉家の武将に位置していた、というものであった（小泉義博「朝倉義景と景鏡の感状」）。

ただしこれについてはその後、宮島氏によって明確に否定されている。「仍って執達件の如し」は、直状式文書の書き止め文言であり、上位者の意向を承けた奉書文言ではなかった。したがって浅井家の文書発給は、朝倉家の意向を承けたものではなく、独自の権原《けんげん》で出されたものであった。ただしだからといって両者が対等であったわけではなかった。その文言は、相手方との身分関係において、「仍って件の如し」よりも丁重に扱っているものになるので、浅井家の政治的地位が、朝倉家よりも格下であることは明らかであった。

次なる指摘は、朝倉家による浅井領国での様々な政治活動の存在を取り上げるものであった。浅井家の本拠の小谷城を構成する郭《くるわ》のうち、独立的な性格にあった大嶽《おおずく》の郭や山崎丸に、元亀三年（一五七二）七月に援軍として出陣してきた朝倉義景《よしかげ》が本陣を据えたこと、同二年に、浅井家領国内の有力神社に、義景が鰐口《わにぐち》や宝物《ほうもつ》を寄進していること、さらに朝倉家の本拠の越前一乗谷《いちじょうだに》館（福井市）の城下町に、浅井家の屋敷跡が所在していたこと、があげられた（水野和雄「天下統一への序曲」滋賀県立安土城考古博物館編『元亀争乱』所収）。

対等の同盟関係であれば、本拠城郭の独立郭に同盟大名が本陣を据えることはないし、領国内神社に寄進をすることもない。さらに相手方の本拠に、恒常的に屋敷が構えられることもない。屋敷の存在は、浅井家が朝倉家に恒常的に出仕していたことを意味している。上位者の屋敷が下位者の本拠に存在することはありえない。逆に下位者の屋敷が上位者の本拠に存在する場合は、下位者はその上位者に対して出仕する関係にあることを意味し、かつそれが恒常的におこなわれたことを意味している。そのためそれらの事柄は、浅井家が朝倉家に従属する立場にあったことを示す、と考えられることになる。

城館に関しては、さらに補強がすすめられた。元亀元年六月に、朝倉家の軍勢が浅井家領国に援軍として進軍してきた際に、織田信長領国の美濃に対して国境防備の城郭を構築していること、浅井家は美濃と近江南部に対しては国境防備のための境目の城郭を構築しているが、越前に対しては構築していないこと、朝倉家本拠の一乗谷で顕著な遺物が、浅井家本拠の小谷城で検出されること、が指摘された（中井均「浅井・朝倉氏の同盟と城館構造」同著『戦国期城館と西国』所収）。これらの事柄も、浅井家が朝倉家に対して、従属関係にあったことを示すものとなる。

そして近年では、長政が元亀三年五月に朝倉義景の近臣に宛てた書状の文中で、義景を「御屋形様《おやかたさま》」と称していたことが確認された（長谷川裕子「浅井長政と朝倉義景」樋口州男他編『歴史の中の人物像』所収）。「御屋形様」と称するのは、主人以外にはありえない。浅井家はそれまで、主君筋の京極家に対してその呼称をあてていたが、他国の政治勢力に対してその呼称をあてているのは、この朝倉義景に対してしかみられない。もし浅井家と朝倉家が対等の関係にあったら、あるいは全くの別勢力であったら、相手方のことは「貴国」と表現したに違いない。しかし長政は朝倉義景に対して、そうではなく、「御屋形様」と表現しているのである。これは両者が統制・従属関係にあったことを示す、明証になる。

ここではさらに、長政が朝倉家に対して従属関係にあったことを示す事例を追加しておきたい。それは長男の万福丸が、朝倉家に人質に出され、その本拠の一乗谷館に居住していたことである。そのことは「当代記」に記されている（前掲刊本一九頁）。先にも掲げたものであるが、あらためて掲げることにする。

（浅井）備前守（長政）嫡子万福と云うこれ有り、越前へ人質として指し越し、越前平均の後、加賀国へ行きて隠れたりしが、盲人と成る間、母（お市の方）又は祖母公

〈(織田)信長御袋〉(報春院《ほうしゅんいん》)を頼りて出でたりしを、近江国木本にて信長より誅さる、

これは天正《てんしょう》元年(一五七三)九月に、浅井家が織田信長によって滅亡させられたことに続いて記されている。「越前平均」というのは、その前月に信長が朝倉家を滅亡させたことを指している。これによれば、長政長男の万福丸は、朝倉家への人質として、一乗谷に居住していたことが知られる。おそらくは一乗谷の城下町にあった浅井家の屋敷に居住していたのであろう。朝倉家の滅亡にあたって、加賀に逃亡したが、盲人になってしまったため、浅井家の滅亡を受けて、母のお市の方と、義理の祖母にあたる信長母にして織田家の「家」妻であったとみなされる報春院を頼って出頭したものの、信長に誅殺されたことが知られる。

典拠の「当代記」は、後世の編纂物ではあるが、確かな記録類を元にしているとみなされ、内容の正確さは高いと考えられる。そのためこの内容も、十分に信頼できると考える。これによれば万福丸は、朝倉家への人質として、一乗谷に居住していたことがわかる。いうまでもなくそのような人質が出されるのは、浅井家が朝倉家に従属する関係にあったからである。対等の戦国大名同士にあって、長期にわたる人質の提出は、もちろんありえな

い。したがってこのことからも、浅井家は朝倉家に従属する関係にあったことが認識される。

ではその関係はいつ形成されたと考えられるであろうか。長政は元亀元年四月に、織田信長が朝倉家攻めを開始したのにともなって、信長から離叛し、信長に敵対した。それ以降は、浅井家は信長から領国への侵攻をうけており、そのようななかで一乗谷に屋敷を構える関係が形成されるとは考えがたい。むしろそれからの時期は、朝倉義景が援軍として、小谷城に在陣するようになっている。したがって浅井家が朝倉家に従属する関係になったのは、それより以前のことと考えられる。

その時期については判明しないが、それについては、浅井家が六角家の従属下から脱し、六角家と抗争するようになった時期が想定されている（長谷川前掲論文）。朝倉家との政治関係は、永禄四年六月から確認されるが、若狭での戦況が連絡されているのは、戦況次第で浅井家も援軍として若狭に出陣する可能性があったからではなかったか、と想定されている。その可能性は高いとみなされる。このことを踏まえれば、その時には従属関係が形成されていたと考えられる。浅井家は、六角家から自立したものの、六角家とそれと同盟する一色家に単独で対抗し続けることは難しいとして、朝倉家を頼って、従属関係を結んだと考えられるであろう。

では長政長男の万福丸が、朝倉家に人質に送られたのはいつと考えられるであろうか。万福丸は永禄七年の生まれであった。そうすると人質として送ることができたのは、三歳になった同九年以降のことと考えられる。そこで考えられることとしては、①三歳になったその年に送られたというもの、②翌年の永禄十年に長政が織田信長と同盟を結んだことをうけて、朝倉家との関係維持を示すために送られたというもの、③元亀元年に長政が信長と敵対関係になったことをうけて、朝倉家への従属度を強めるのにともなって送られたというもの、のおよそ三通りがあろう。ただいずれの場合であっても、それは浅井家が朝倉家に従属した当初のことでなかったことになる。

現時点で、その時期をいずれかに絞ることは難しい。関係史料が決定的に不足しているからである。これについては、浅井家と朝倉家の関係がどのように推移していったものか、あるいは人質となった万福丸の立場が、浅井家においてどのようなものであったのか、などのことを考慮していかなくてはならない。そのためこの問題については、あとであらためて考えることにしたい。ここでは万福丸を人質に送ったのは、浅井家が朝倉家に従属した当初からのことではなかったことを確認しておくことにしよう。

長政と織田信長との関係

長政は、永禄十年（一五六七）に織田信長と同盟を結び、お市の方と結婚した。それはいま述べてきたことを踏まえれば、朝倉家に従属する関係にあったなかでのことであった。にもかかわらず、信長と同盟を結んだのは、隣国の美濃が信長の領国となり、しかも信長が同国に本拠を移してきたことで、信長が隣接する政治勢力として登場することになり、六角家への対抗のため、いちはやく信長に接近し、友好関係の形成をはかったのだろう、と思われる。

そういえば長政とお市の方の結婚が成立した直後の時期に、六角家は信長との友好関係の構築をはかってもいた。ということは、長政と六角家はともに、新たに美濃を領国とした信長に接近をはかっていたことになる。そこでは長政がいちはやく信長との友好関係の構築に成功したといえよう。しかもお市の方との結婚までも成立させることになり、その関係を確固たるものにしたのであった。

それでは長政と信長の同盟関係はどのような性格のものとみることができるであろうか。長政の立場は、越前朝倉家に従属する国衆というものであった。他方の信長の立場は、美濃・尾張《おわり》・伊勢《いせ》北部という複数の国を領国とした戦国大名というものであった。戦国大名としての規模でいえば、相模北条《さがみほうじょう》家・甲斐武田家・越後上杉《えちごうえすぎ》家や安芸毛利《あきもうり》家と比べれば、はるかに小規模であったものの、近江周辺では随一の領国規模にあった。長政の周辺地域では、最大規模の戦国大名であった。このことからすると、たとえ婚姻関係を成立させたとはいえ、長政と信長が全く対等の関係であったとは思われない。それは信長を上位にした関係であったと考えられる。

ただそれが、長政が信長に従属する関係であったのかは、わからない。長政が信長本拠の岐阜城に出仕したり、信長に人質を出していれば、そのように認識できるが、その事実は確認されない。とはいえ両者の関係は、翌永禄十一年に、信長が足利義昭を擁して上洛を遂げたことで、決定的に変化する。足利義昭は室町幕府将軍に就任し、信長はその後見役になった。実質的な政治的地位は、将軍を補佐する管領《かんれい》に匹敵するものであった。その上洛戦にも、長政は軍事動員をうけ、足利義昭に供奉している。これは名目的には、足利義昭に供奉したものであったが、実際の軍事行動は信長によって指揮されていたので、実質的には信長の軍事指揮下におかれたのと同意であった。しかもこの時、信長は六角家を滅亡させて、その領国を併合した。それにより長政は、領国を信長の領国に挟まれるかたちにおかれたのである。

足利義昭によって再興された室町幕府においては、長政がおかれていた地位については、元亀元年（一五七〇）正月に知ることができる。信長は、幕府配下の大名・国衆に、禁裏《きんり》御所《ごしょ》の修造と将軍への奉公のために上洛を命じるが、そこで長政については、「京極殿〈高吉〉〈同浅井備前〈長政〉〉」と記されている（『増訂織田信長文書の研究上巻』二一〇号）。幕府配下の大名として、長政の旧主である京極高吉があげられていて、長政はその補佐役としての位置付けにあった。しかもそれに続いて「同尼子・同七佐々木・同木村源五父子・同江州南諸侍衆」と記されている。これらは永禄十一年以降に、長政が経略もしくは盟約関係を形成した地域の国衆であった。広義でみれば長政の領国とみることもできるといえるが、それらも含めて、名目的には京極家が近江国主の地位におかれ、その領国と位置付けられていたことを示している。

そして信長自身は、長政について「彼等〈長政〉の儀、近年別して家来せしむ」（同前二四五号）と評し、その敵対についても「浅井備前守別心し色を易《か》うる」（同前）、「手の反覆の体」（同二四三号）というように、自身に従っていた存在であった、という認識を示している。幕府の政治秩序のうえでは、近江国主は京極家で、長政はその補佐役であったが、京極家の領国と認識されていたものは、事実上は長政の領国であり、その長政は信長の従属下にあった、という認識であったと考えられる。

この意味において長政は、信長に従属する国衆の立場にあった、とみなされる。実際にもその軍事指揮下で行動していたのであるから、長政自身も、実質的にはそのような認識にあったことであろう。このことから長政は、足利義昭の上洛戦に供奉して以降は、信長にも従属する立場にあったとみなされる。長政はもともと、朝倉家に従属する立場にあったが、以後は、信長にも従属する関係になったといえ、すなわち両者に両属する立場にあった、とみなされる。

ところで、そのように二つの大名家に両属することができるのか疑問にもたれるかもしれない。しかし戦国大名領国の境目地域に存在する国衆には、そのような事例は珍しいことではない。ただしその状態が可能なのは、上位に位置した二つの戦国大名家が友好関係にあったことが前提になる。例えば、東美濃国衆の岩村遠山家や苗木遠山家は、信長と甲斐武田信玄との両属下にあったし、上野《こうずけ》国衆《くにしゅう》の国峰《くにみね》小幡《おばた》家は相模北条家と武田信玄との両属下にあった、という具合である。この長政の場合も、朝倉義景は、将軍足利義昭配下の大名として位置していたので、それに問題はなかった。ただし朝倉家と信長に直接に友好関係は成立してはおらず、あくまでも足利義昭を通じての関係でしかなかったが、それでも両者が敵対関係にあったわけではなかったから、両者への両属関係は問題なく成立しえたのであった。

しかしその状態は長くは続かなかった。信長は元亀元年正月に、足利義昭への奉公を名目に、朝倉義景に上洛を命じたらしい。それは事実上、朝倉家が信長に従属するかどうかを意味した。この時期、若狭武田家は朝倉家の庇護下におかれていて、若狭は事実上、朝倉家の領国に編成されるような状態にあった。そのなかで武田家の重臣に、朝倉家による支配を受け容れず、抵抗する存在があり、それが将軍足利義昭に庇護を求めていた。足利義昭は、これを受け容れ、その反対勢力で朝倉家に従っていた敦賀《つるが》武藤《むとう》家の討伐をはかり、それを信長に命じた。そして信長は同年四月に、越前に向けて進軍した。それに対して朝倉家は、領国防衛のためそれに敵対したのである（柴裕之『織田信長』）。

こうして信長と朝倉義景は、敵対関係になった。ここでいずれに味方するかという進退を迫られることになったのが、長政であった。どのような経緯があったのか、当時の史料には全くみえていないが、長政はすぐさま、足利義昭・織田信長から離叛し、朝倉義景を支援する立場をとった。信長が越前に侵攻し、朝倉家の属城の手筒山《てづつやま》・金崎《かねがさき》両城（敦賀市）

を攻略したことをうけて、長政は信長から離叛し、朝倉家支援のため、越前に向けて進軍するのであった。このことを知った信長は、

然《しか》れども、浅井（長政）は歴然御縁者たるの上、剰《あまつさ》え江北一円に仰せ付けらるるの間、不足これあるべからざるの条、虚説たるべき、

と、にわかに信じることができなかったことが伝えられている（『信長公記《しんちょうこうき》』前掲刊本一〇七頁）。これによれば信長は、長政は妹のお市の方と結婚しており、親密な婚姻関係にあったうえ、近江北部一帯を領国として与えていたから、長政に信長に対して不満があるはずはない、という認識にあったことが知られる。しかし信長は、長政が朝倉家に従属する存在であったことを、忘却していたとしかいいようがない。長政にとっては、朝倉家への従属関係は、信長との友好関係よりも十年近くもさかのぼるものであった。長政はその関係を尊重したのであった。

ちなみに江戸時代成立の軍記史料では、長政が信長と同盟を結ぶ際に、朝倉家との関係維持を条件に、敵対の場合にはあらかじめ通知することを要求し、信長はそれを承認した

にもかかわらず、そのことなしに朝倉家攻めをおこなったため、信長から離叛した、という展開が記されている。さもありうるようにも思えるが、当時の状況にてらしてみるとありえないであろう。長政と信長が同盟を結んだ時に、信長と朝倉家は敵対関係にあったわけではなく、むしろ足利義昭を擁立するという点で、協力関係にあったとみなされるからである。先の話は、長政が朝倉家支援のために信長から離叛したという結果をもとに、後世の人々が想像したものというべきであろう。

ここに長政は、信長と敵対関係となった。その後、信長との間で熾烈な攻防を展開していくのであった。それは三年後の天正元年（一五七三）九月に、長政が信長により滅亡させられるまで続いた。そしてこれによってお市の方は、実家とは敵対関係におかれることになった。長政と結婚してから、わずか二年半後のことであった。

これに関してはよく、なぜお市の方は離婚しなかったのか、という疑問があげられる。しかしこの当時、実家と婚家が敵対関係になったからといって、離婚することはほとんどみられない。むしろ離婚した事例のほうが、極めて珍しいのである。しかも戦国大名家レベルにおいては、離婚の事例はみられていない。このことからすれば、この時にお市の方が離婚していないのは、至極当たり前の事態であった。小説やドラマでは、離婚しなかったことをもとに、長政との愛情や信頼関係が想像されることが多いが、それは近代的な夫婦関係をもとにした幻想にすぎない。

　戦国大名家・国衆家同士の婚姻関係は、いわば国家と国家の外交関係にあたった。敵対関係になったからといって離婚したのでは、両国の外交ルートは全く存在しなくなってしまう。むしろ敵対関係になったからこそ、当主・家臣による表向きの外交ルートは断絶しても、婚姻関係による内向きの外交ルートとして機能することができるのである。駿河今川家と相模北条家が敵対関係にあったなか、今川家「家」妻の寿桂尼《じゅけいに》は、娘（瑞渓院殿《ずいけいいんでん》）が北条氏康の妻であり、北条家とは「骨肉」関係にあることをもとに、両家の和睦を工作した（拙著『今川のおんな家長　寿桂尼』）。奥羽《おうう》伊達《だて》政宗《まさむね》の母保春院《ほしゅんいん》は、伊達家と実家の出《で》羽《わ》最《も》上《がみ》家の抗争に際して、最上義光《よしあき》ときょうだいであることをもとに、両家の和睦の調停に乗り出していた（遠藤ゆり子『戦国時代の南奥羽社会』）。

　婚姻関係の継続は、こうした親子・きょうだいの関係をもとに、外交関係を打開する根拠になっていたのであった。お市の方の場合も、同様に考えられるであろう。お市の方も長政も、離婚することなどは全く考慮することはなかったであろう。婚姻関係を継続していれば、将来における情勢の変化に対応しうる有効な権能となる、と考えていたに違いなかったであろう。

三人の娘を産む

お市の方が長政と結婚したあと、浅井家における事蹟として確認できるのは、三人の娘を産んだことだけにすぎない。すなわち、長女茶々《ちゃちゃ》・次女初・三女江《ごう》である。そして先に触れたように、茶々は永禄十二年（一五六九）生まれであることが確実で、「渓心院文《けいしんいんのふみ》」では娘たちは二歳違いずつであったことから、初は元亀二年（一五七一）、江は天正元年（一五七三）の生まれと判断された。ちなみに近時、福田千鶴氏は、江は夫の徳川秀忠よりも七歳上とする当時の史料が存在することをもとに、元亀三年生まれの可能性があることを述べている（『大奥を創った女たち』）。しかしそれは、前田《まえだ》利家《としいえ》妻芳春院《ほうしゅんいん》によるもので、すなわち他者の認識になるから、多少の誤認はありえよう。

江の誕生が天正元年であったことについては、「渓心院文」の記載が傍証になる。天正元年の浅井家滅亡の際、三人の娘について、

御ひめさまがたどなたも御ちのみ子さま、大御台様（江）には御うぶ屋のうちのよし、

と記されている。ここには江は、いまだ産屋にいたことが記されている。これは江が誕生後、間もないことであったことを意味していよう。したがって江の誕生は、浅井家が滅亡した年となる天正元年とみて間違いない。

お市の方が長政と結婚したのは永禄十年であったから、お市の方はその後、二年ごとに娘を産んだことになる。そして結婚から滅亡までの間に、二年ごとに娘を産んでいることからして、お市の方が産んだ長政の子どもは、この三人の娘だけであったと考えられる。したがってお市の方は、長政の男子を一人も産まなかったとみなされる。

その一方、長政には二人の男子があったことが知られている。長男万福丸と次男万寿丸《まんじゅまる》である。万福丸は、『信長公記』天正元年条に（前掲刊本一六一頁）、

浅井備前十歳の嫡男御座候を尋ね出し、関ヶ原と云う所に張り付けにかけさせられ、

とあり、浅井家滅亡時の天正元年に十歳であったことがわかり、それにより生年は永禄七年であったことがわかる。したがって万福丸の母は、お市の方ではありえず、万福丸は庶

出子であったことがわかる。

ちなみに万福丸の最期については、これまで引用してきた「当代記」の内容とは異なっている。「当代記」では、朝倉家への人質として越前一乗谷に居住していて、朝倉家滅亡にともなって加賀に逃れたものの、盲人になってしまったため、浅井家滅亡をうけて、母のお市の方と義理の祖母の報春院を頼って、信長のもとに出頭したが、近江木本で誅殺された、とあった。いずれが正確なのかはにわかには判断できないが、「当代記」のほうが内容が具体的なことからすると、こちらの内容が妥当のように思われる。

また「渓心院文」にも、万福丸について記されていて、

まんぷく（万福）さまとて若子さま御ざ候は、あざゐ殿をのぶ長様より御つぶしのとき、あざい殿御同事に御こしおいとの御こと、

とある。万福丸という男子があり、浅井家滅亡の際に、長政と同様に、「御こしおい」となった、という内容である。「御こしおい」には何らかの誤写が含まれていると思われるものの、適切な内容を見いだせない。しかし長政と同様であったというから、信長に殺害

されたことを意味しているとみてよいであろう。
これらで注目されるのは、『信長公記』で万福丸は長政の「嫡男」と記され、「当代記」でも長政の「嫡子」と記され、また「渓心院文」でも、長政の「若子」として記されていることである。いずれにおいても万福丸は長政の嫡男として記されており、したがってそれは確かなこととみなされる。万福丸は長政の嫡男として位置していたとみなされる。しかし万福丸は、お市の方からの生まれではなく、庶出であった。その万福丸が、長政の嫡男に位置付けられているというのは、その後にお市の方と養子縁組して、嫡出扱いとされたことを意味していよう。

お市の方が長政と結婚した時、万福丸はすでに四歳になっていた。しかしその時点では、その後にお市の方から男子が生まれる可能性があり、その場合にはそれが嫡男に位置付けられたであろうから、万福丸はあくまでも庶長子の位置付けでしかなかったことであろう。ところがお市の方からは、三人続けて女子が生まれたにすぎなかった。そのためその間のある時期に、万福丸はお市の方と養子縁組し、嫡出子の扱いとなり、長政の嫡男に位置付けられたと考えられる。

ではその時期はいつ頃と考えられるであろうか。三女江が産まれたのは、浅井家滅亡の直前にあたる時期であったから、それは江の誕生以前のことに違いない。お市の方の長女茶々が生まれたとき、万福丸は六歳、次女初が生まれたとき、万福丸は八歳であった。子どもが社会人として認められるようになるのは八歳からのことであったから、お市の方の二人目の子どもも女子であったことをうけて、庶長子で八歳になっていた万福丸が、嫡男に定められたと考えると、いろいろと整合すると思われる。

また万福丸は、先に触れたように、朝倉家に人質として出されていたが、人質として送られた時期はいつと考えられるであろうか。国衆から従属先の戦国大名に対して、忠節の証しとして「証人」、すなわち人質が出されるのは、一般的なことであった。しかしその場合、嫡男がそれにあてられる事例はあまりみられていない（毛利隆元の事例などはある）。たいていは男子であれば次男以下、娘か母か、といったものがあてられていた。このことを踏まえると、万福丸は人質に出されたとき、まだ庶子の立場にあったままであったろう、ということが考えられる。

浅井家が朝倉家に従属したのは、先に触れたように、永禄四年以前のことであった。その時点で、誰かが人質に出されていた可能性はあるが、それについては判明しない。そうしたなかで万福丸が人質として送られたのであるが、その時期については、先には、万福丸が三歳になった永禄九年か、長政がお市の方と結婚して朝倉家と信長への両属関係を形成した同十年か、信長に敵対した元亀元年か、の可能性を示しておいた。いずれの可能性が高いのか、にわかに判断することはできない。ただし、もし浅井家が当初から人質を出していたのでなく、ある時点から出したのだったとしたら、それは朝倉家からの軍事支援を獲得するようになった元亀元年のことの可能性が高いと思われる。軍事支援を恒常的に獲得するため、あらためて人質が出されたのではないか、という見立てである。

その元亀元年には、万福丸は七歳であった。先に述べたように、翌年の八歳の時に、お市の方と養子縁組して長政の嫡男となったとすると、それは朝倉家に人質に出されていた時期でのことになる。その場合、人質の立場は、嫡男になっても解除されず、そのまま一乗谷に居住を続けたことになる。嫡男になったのであれば、本来ならば、別の者に人質の立場は交替されたことであろう。しかし万福丸はそうではなかったことになる。こうしたことがありえたのかどうか、他の事例を確認できないが、以上のことからすると、そのように考えざるをえない。あるいは万福丸の立場は、実質的には人質ではあったが、表向きは別の理由があてられていたのかもしれない。このことについては今後、あらためて検討していく必要があろう。

次男の万寿丸については、太田浩司氏の研究（「お市と浅井三姉妹の生涯」長浜市長浜城歴史博物館編『戦国大名浅井氏と北近江』所収）や浅井俊典氏の研究（『真説浅井長政嫡子越後・浅井帯刀秀政』）などに詳しく記されているが、信頼できる史料がほとんど存在していないので、実像の解明は難しいようである。江戸時代成立の所伝では、天正元年生まれで、万寿丸とも万菊丸とも伝えられ、近江福田寺（米原市）の住持となり、法名を正芸とも慶安とも称したという。

万寿丸については、江戸時代後期成立で江戸幕府編纂の『寛政重修諸家譜《かんせいちょうしゅうしょかふ》』に記載があるので、江戸時代後期には確実な所伝として扱われていたことが知られる。そのためこれまでの長政に関する研究の多くで、そのことは事実として認識されてきた。しかし当時の史料にはみられていない。茶々らの実の兄弟であれば、当時の史料に所見され、茶々らとの交流があってしかるべきと考えられる。したがって私は、これを事実とみることはできないと考える。

ちなみにこの他、長政の男子として取り上げられるものとして、浅井周防守《すおうのかみ》井頼がある。実名の読みについて柏木輝久氏は（『大坂の陣豊臣方人物事典』）、「きよより」の可能性を指摘している。この井頼についての事蹟は、柏木氏の研究に詳しく、関係する研究が複数、伊藤一樹編『常高院と京極の女達』に収録されており、また小和田哲男氏（『近江浅井氏の研究』）や北川央氏（「それからのお市と娘たち」小和田哲男編『浅井長政のすべて』所収）らも、その所伝を尊重する態度をみせている。

井頼は大阪の陣において大坂城に在城し、同城落城後は初（常高院《じょうこういん》）の庇護をうけ、初が養子の京極忠高《きょうごくただたか》に与えた遺言状では、その進退の庇護を要請しているので、初らと親しい関係にあったことは間違いない。しかし茶々らの兄弟であったとする当時の史料は存在していない。羽柴《はしば》家の直臣になったのは大坂の陣直前のことにすぎず、その後の京極家での知行高《ちぎょうだか》は五〇〇石にすぎない。彼が茶々らの兄弟であれば、もっと重要な政治的地位を与えられたと考えられるから、彼は長政の子ではなかったに違いない。太田氏は、実名に「井」字が入っていることから、浅井家一族の井伴《きよとも》・井規《きよのり》に連なる存在の可能性を指摘しており、その可能性は高いとみなされる。

このように考えてくると、長政の男子は、庶長子でのちに嫡男とされた万福丸の一人だけであったと考えられる。これまでの研究では、万寿丸（万菊丸・正芸・慶安）や周防守井頼も長政の男子とみられることが多かったが、それらは誤伝とみなすのが妥当であろう。

お市の方が長政と結婚する以前に、長政にはすでに庶子の万福丸があった。しかしその後、長政にその他の男子が生まれていなかったとすれば、長政は正妻のお市の方以外に、別妻や妾を持たなかったことを意味しよう。しかし考えてみればそれは当然であったかもしれない。まだお市の方は出産を続けていたからである。三女江が産まれたのが、滅亡の年であったものの、それがなければ出産は続いたかもしれない。正妻のお市の方が出産を続けている以上、別妻や妾は必要なく、お市の方もまたそのことを承認しなかったと考えられる。結果として、すぐにお市の方に男子が生まれなかったため、庶長子の万福丸を嫡男に取り決めたものの、のちにお市の方が男子を産んだとしたら、その状況も変化したことであろう。

小豆袋の話の真実

お市の方について著名なエピソードに、小豆袋《あずき》の話がある。これは元亀元年（一五七〇）四月に、浅井長政が織田信長に敵対することになったことをうけて、小豆袋の両端を縛ったものを、信長のもとに陣中見舞いとして送り届け、信長に長政の敵対を報《しら》せた、というものである。ドラマや小説でも必ず登場するといっていい、極めて著名なエピソードである。典拠は、「朝倉家記」（別名「朝倉義景記」国立公文書館内閣文庫所蔵）という、江戸時代成立の軍記史料である。成立時期は判明しないが、文体などから判断して、おおよそは江戸時代半ば以降の成立と推測される。まずはその内容をみてみたい（『大日本史料一〇編四冊』四一一〜二頁）。

茲《ここ》に因《よ》り出勢《しゅっせい》はせられけれども、いまだ敵とも味方とも其《そ》の色を立てずして、海津《かいづ》の辺りに控えらる、長政の北の方は信長の妹なれば、此《こ》の事を聞き玉いて、扨《さて》いかにもして信長に告げ知らせたく思われけれども、女は夫に順《したが》いて、私の親類なき貞節の道を守られければ、忽《たちま》ち夫の身の上を兄に告ぐべき様もなく、又しかりとて夫に順い、目の前に兄を討たせん事、長幼の序に背き、父母の家を滅ぼさん事、不孝不弟の義に忍びず、とやせん角やあらましと、我が身の今を思いつらね、人に語らん業ならず、色に出るも恐れありて、浅ましき哉《かな》、我は只いかなる因果の報にや、かかる難儀の変に遇い、憂き目を見聞く悲しさの思い分け得ず、みちのくのいわで袖《そで》をぞぬらされける、然る処さしも名将の種類、勇士の家室なればや、其の心巧みにして、折ふし信長へ越州在陣見廻いの為、飛脚を越されたりけるに、文をば遣《つか》わさず、口上《こうじょう》の旨趣《ししゅ》のみ述べ、陣中の御菓子に成さるべく候とて、袋へ小豆を入れ、其の袋の跡先を縄にて結び切り、封を付けて信長へぞ贈られける、信長は元来聡明英武にして、活智《いくじ》を得られし名将なれば、其の進物を見るや否や、目を塞ぎ、思案せられけるが、暫《しばら》く有りて、家老を召し、密かに宣《のたま》いける様は、是《これ》を見給えや各々、浅井当国遅参の事、不審の至りと思いしに、必ず謀叛《むほん》を起こすと見ゆ、其のゆえは、我越前へふかぶかと分国を離れ攻め入りて、義景と戦日数を経ば、跡にて浅井謀叛を起こし、近江・若狭を打ち従え、帰り道を遮って、運送の通路を取り切り、跡先より挟み立てて、朝倉・浅井両端より、我が軍勢を一騎も残さず討ち取るべしとの策、鏡にかけて覚えたり、是をたとうるに、たとえば袋へ小豆を入れ、跡先を結び切りて、一粒ももれざる如くなるべし、長政が室家我に此の事を悟れと思うはかりごとに、此の小豆をば送れる也、妹ながらも此の智慮は男子の及ぶ業にあらずと、涙ぐみて申されければ、一族・家老の面々も、兄弟のなさけを感じ、鎧《よろい》の袖をぞぬらしける、

簡単に内容をなぞっておきたい。浅井家が信長への敵対に決し、軍勢を出陣させたものの、まだどちらに味方するのか態度を明確にはせず、湖西の海津（高島市）に在陣していた。お市の方はこのことを信長に報せたいと思ったが、「女は夫に順う」という貞節を守

って、すぐに信長に報せることはなかった。しかし「夫に順って」、兄を討たせてしまうのは、「長幼の序」に背くもので、実家を滅ぼさせてしまう「不孝不弟の義」にも耐えられない。どうしようかと悩んだものの、お市の方は「名将」信長の親類であり、「勇士」長政の妻であったため、思考が優れていて、信長の越前陣への陣中見舞いとして飛脚を派遣し、文書は遣わさず、「陣中のお菓子にして下さい」との口上のみとし、袋に小豆を入れ、袋の前後を縄で縛り、封をして信長に贈った。信長はもとから聡明な「名将」であったので、その進物を見るとすぐに、思案し、家老を呼び寄せ、浅井の遅参を不審に思っていたところ、必ず謀叛を起こすとみえる、その理由は、織田軍が越前に深く侵攻して朝倉義景と数日合戦したところで、浅井長政は謀叛し、近江・若狭を平定して、織田軍の帰路を塞ぎ、前後から織田軍を攻撃してくる、これを例えれば、袋に小豆を入れ、前後を縛っているようなものである、お市の方はこのことを察しろとして、この小豆を贈ってきたのだ、妹ながらこの知略は男子に優る、と涙しながら語った。これを聞いた一族・家老らもきょうだいの情に涙した、というものである。

いかにもドラマ的な情景であろう。しかしこれを一読すれば、妻は夫に従うという貞節さ、子弟は父兄に従うという孝行が、基本にあることがみてとれよう。これは江戸時代半ば以降に一般化した、儒教思想にもとづいた孝行・貞節概念にほかならない。それ以前の江戸時代前期までに成立した軍記史料には、そのような観念はみられることはない。このことからこのエピソードは、貞節と孝行の狭間で苦しむ妻の姿と、それを打開する聡明さを織り込んだものといえよう。

しかしそもそも、戦国時代において、戦国大名・国衆間で敵対関係になった場合、たとえ親族の間であったとしても、文物の交流は停止された。国境の街道が封鎖されるためである。そのためこの場合、お市の方が信長の陣中に小豆袋を送るということ自体、おこりえなかったと考えられる。これは戦国時代における戦争の実態に疎い、いかにも戦争を知らない平和な時代に生きていた江戸時代人による発想とみなさざるをえない。したがってこの小豆袋のエピソードは、実際にそのようなことがあったのではなく、物語上における創作と考えられる。またおそらくは、その種話もあったことであろう。それを突き止める余裕はないが、こうしたエピソードはたいていは中国古典から持ってこられたことからすると、これも同様であったのではなかろうか。

お市の方の小豆袋のエピソードは非常に有名である。しかもドラマチックである。しかしながらそれは、残念ながら事実とみることはできない。それは貞節と孝行という、江戸時代の理念をもとに生み出されたものであった。ということは、このエピソードに親近感を覚えることは、江戸時代的な感覚にあること、あるいはそれに親和性を感じていることを意味することとなる。このエピソードが、いまでもドラマや小説で必ず取り上げられるということは、現在の我々がまだ、江戸時代的な認識を引き摺《ず》ったままであることを示しているのかもしれない。

小谷城からの退去

浅井長政は元亀元年（一五七〇）四月に、織田信長に敵対し、以後は信長との抗争を展開した。同年六月には、長政は朝倉家の援軍をうけて、信長と姉川《あねがわ》合戦を戦っている。その後は、朝倉軍と湖西に侵攻、また比叡山延暦寺《ひえいざんえんりゃくじ》（大津市）を味方に付け、信長との抗争を優勢にすすめていた。しかし十二月に、室町幕府・朝廷の仲介によって、和睦が成立すると、以後の展開は信長の優勢ですすんだ。同二年二月に、佐和山城の磯野《いその》員昌《かずまさ》が信長に降伏してしまい、五月におきた坂田郡南部の箕浦表での合戦にも敗北してしまった。

その後、同年八月、元亀三年三月、同年七月と、信長は立て続けて近江北部に侵攻してきている。そしてその七月から、浅井家本拠の小谷城が信長から攻撃をうけるようになっている。ここに小谷城は籠城戦を強いられることになった。同年十月から甲斐武田信玄が信長との抗争を開始したが、翌天正元年（一五七三）四月に信玄は死去し、武田軍は本国に帰還してしまった。同時期に、信長に敵対していた将軍足利義昭の叛乱も鎮圧された。そして同年八月九日に、山本山城の阿閉貞征《あつじさだゆき》・貞大《さだひろ》父子が離叛したことで、小谷城は四方から攻撃をうける状態になり、信長から総攻撃をうけた。小谷城周辺の城砦は次々と落城し、援軍としてきていた朝倉軍も後退した。

信長は後退する朝倉軍を追撃し、そのまま越前に侵攻して、ついに朝倉家を滅亡させるにいたる。これにより浅井家は、完全に孤立無援におちいった。もはや滅亡か降伏かを選択せざるをえない状態になった。そして九月一日、信長から最後の総攻撃をうけた。浅井久政はその前日の八月二十九日に自害していた。その一日、抗戦むなしく、長政も自害するにいたり、小谷城は落城、同時に浅井家も滅亡した。長政はまだ二十九歳の若さであった。そして落城にともなって、お市の方は三人の娘とともに、小谷城から退去し、実家の織田家の庇護をうけるものとなる。お市の方はこの時、まだ二十四歳くらいであったと推定される。お市の方は結婚して六年後、二十四歳で、早くも後家の立場になるのであった。

とはいえこの時のお市の方らの動向について記している当時の史料はない。さらに江戸

時代前期の成立で、内容に信頼がおける史料にも記載はない。わずかに「当代記」に（前掲刊本一九頁）、

浅井備前守（長政）妻女は信長妹也、然る間、異儀なく引き取られる、

と記されているにすぎない。

ところが江戸時代前期でも後半以降に成立した軍記史料になると、少し具体的な内容が記されるようになってくる。それについては太田氏（『浅井長政と姉川合戦』）が詳しく取り上げているので、それをもとに簡単にその内容をみてみることにしたい。

太田氏は、江戸時代前期後半にあたる貞享《じょうきょう》二年（一六八五）成立の「総見記《そうけんき》」と、寛文《かんぶん》年間（一六六一～七三）末頃の成立とみられている「浅井三代記」を取り上げている。前者では、お市の方らが小谷城から脱出したのは八月二十八日夜のことで、織田家からの付家臣の藤掛《ふじかけ》三河守（永勝《ながかつ》、一五五七～一六一七）と浅井家家臣の木村小四郎を供にして、信長のもとに送られたとする。落城の二日前のことになる。そして兄の織田信兼《のぶかね》に預けられ、その後は尾張清須《きよす》城（名古屋市）に移された、とある。後者では、少し潤色がほどこされる

ようになっていて、同じく二十八日に、長政はお市の方を呼んで、「汝は信長の娘なれば何の子細も候まじ、信長の許へ送るべし」と言ったが、お市の方は今後に「浅井が女房」と後ろ指を指されるのは口惜しいので、一緒に死にたいと言った。しかし長政は「今花のよう成る姫共を害せん事も不憫《ふびん》なり、理をまげてのがれよかし」と説得し、お市の方は納得して脱出したとする。「女佐」すなわちお市の方付き家臣の藤掛三河守が供をし、信長のもとに送られた。信長はとても喜び、織田信兼に預けた、とある。

ともに供の家臣として藤掛三河守がでてきており、預けられた先として織田信兼がみえているので、両者はおそらくは共通の所伝を下敷きにしたものであろうことが推測されている。もしかしたら藤掛三河守の物語などによるのかもしれない。しかしその典拠が明確ではないため、太田氏は、それらの内容は参考程度にすべきものと指摘している。そのうえで、お市の方らが、落城寸前に脱出したのかについても疑問を示し、総攻撃以前の交渉のなかで、お市の方らは小谷城から退去した可能性も考えられることを指摘している。

私もそれら軍記史料の内容は、そのままには採用できないと考える。そもそも先に触れたように、織田家に引き取られたのち、お市の方が庇護をうけたのは、叔父の織田信次《のぶつぐ》とみるのが正しく、兄の信兼ではなかった。この点からも、それら軍記史料の内容には明確な誤りがみられていることがわかり、それゆえに内容をそのまま使用することはできないと考える。また太田氏は、小谷城近辺で伝承される内容を紹介している。地元でどのような伝承があるのかは興味深いものの、確実な情報との整合性をとれないので、あくまでも伝承の域にとどまるといえよう。したがって小谷城からの退去の経緯については、全く明らかにならないといわざるをえない。

そうしてみると「当代記」が、お市の方は信長の妹であったため、問題なく信長に引き取られた、と記していることは注意される。この引き取りは極めて順調におこなわれたように受けとめることができる。そうであれば事前に両者で交渉があり、長政のほうから信長に引き取りを要請し、信長もそれを承認した、という経緯にあったことが推測される。そもそも信長と長政の立場は、対等ではなく、信長を上位にするものであった。そのため長政は、落城を前に、上位者の信長の親類であるお市の方を信長のもとに返還する申し出をおこなった、と考えられるように思う。

ただお市の方が素直に退去に応じたのかは、別の問題となる。というのは「渓心院文」には、「御いちさま仰せには、あざい殿時分出させられさえ御くやしく候に」と記されているからである。すなわち、浅井家滅亡の際に小谷城から退去したことについて、「御くやしく」思っていたというのである。それはすなわち、退去はお市の方の本意ではなかったことをうかがわせる。お市の方としては、そのまま婚家に殉じる覚悟にあったように思われる。それが退去しているのは、長政の説得があったからであろう。そうするとその部分に関しては、「浅井三代記」の内容は、おおよその事実を伝えていることになる。

このようにみてくると、お市の方と三人の娘が小谷城から退去し、実家の織田家に引き取られることについては、織田軍による総攻撃の前に、開城に関わる交渉があり、そのなかでお市の方からの退去が決められた可能性が高いとみなされる。しかしその際、お市の方自身は、退去は本意でなく、婚家に殉じる覚悟であったが、おそらく長政の説得により、実家に戻ることを決心したとみなされる。そして結婚の際に織田家から付属された家臣の藤掛三河守の供をうけて、小谷城から脱出し、織田軍に引き取られた、という経緯が想定できるように思う。

ここで注目すべきは、お市の方に本来は退去の意向がなかったことであろう。そして退去したことを「くやしい」と認識していたことであろう。これはどのようなことととして理解することができるであろうか。婚家が滅亡させられる状況にあって、妻は実家に戻るのが通例であったのかどうかは、他の具体的な事例をみていかないと、その意味について判断できない。しかしそのような事例はすぐには思い浮かばない。そのためこの問題については、今後における課題としたい。戦国大名家・国衆家の妻が、婚家滅亡の際に、婚家に殉じるのか、その際に実家が存在していれば、実家に戻るのかどうか、その行動原理を理解することは、それら妻の在り方と性格を把握するうえで重要な問題になることであろう。

本書では、お市の方が小谷城から退去したことについて、その後において「くやしい」と思っていたという事実を、貴重な素材として認識しておくことにしたい。

第三章

柴田勝家との結婚

織田家での庇護者

お市の方と三人の娘は、小谷《おだに》城から退去したのちは、実家の織田家の庇護をうけた。具体的にはまず、叔父で尾張守山《おわりもりやま》城主の織田信次《のぶつぐ》に預けられた。これに関しては、これまで一般的には、先に触れた「総見記《そうけんき》」や「浅井三代記」の記載にもとづいて、兄で伊勢安濃《いせあの》津《つ》城主の織田信兼《のぶかね》に預けられたと扱われることが多かったが、先にも述べたように、宮本氏によって、「渓心院文《けいしんいんのふみ》」に、「御いちさまと御ひめさま御三かたは、のぶ長様のおじご（織田信次）さまの御かたへ御のけなされ候よし」と記されていて、当時、生存していた信長の叔父は信次しか存在していなかったことから、預けられた先は、その信次と考えるのが妥当であることが指摘されている。預け先として、信兼があげられたことの理由については判明しないが、何らかの錯誤によるのであろう。

ではお市の方らは、なぜ信次の庇護をうけることになったのであろうか。当時の信長の本拠は、美濃岐阜《みのぎふ》城であり、織田家の庇護をうけるのであれば、信長自身から庇護をうけ、その岐阜城に居住してもよかったように思われる。しかしそうはならずに、信長は預け先に、信次を指名したことになる。信次は信長やお市の方の父信秀《のぶひで》には、末弟にあたる存在になる。信長の一門衆として存在していたものの、これといった事蹟は伝えられていないようで、詳しい動向などはわかっていない。そのため信次がなぜお市の方母子を預かったのか理由もわからない。考えられることとしては、一門衆のなかの長老として、一門の庇護者的な役割を与えられていたのかもしれない。他家の場合になるが、相模北条《さがみほうじょう》家では、二代北条氏綱《うじつな》の末弟にあたる北条宗哲《そうてつ》が、早世した甥の子どもや甥を後見するなど、一門衆の庇護者のような役割を担っていた。この時期の織田家における信次の立場も、そのようなものであったのかもしれない。

しかしその信次は、翌天正《てんしょう》二年（一五七四）九月二十九日に、伊勢長島（桑名市）で戦死してしまった。そのためお市の方母子は、あらためて信長のもとに引き取られ、すなわち岐阜城に居住することになったとみなされる。これに関しても、これまで一般的には、先と同じく「総見記」や「浅井三代記」の記載にもとづいて、尾張清須《きよす》城に移ったと扱われることが多かったが、やはり宮本氏によって、「渓心院文」に、「其《そ》の後のぶ長さま御やっかいにて御座候」とあり、信長自身に庇護されたことが明らかになっている。

このようにお市の方母子は、小谷城退去から一年ほどは尾張守山城に居住し、その後、天正二年後半からは岐阜城に居住したとみなされる。これまで織田信兼に庇護され、その後は清須城に居住したとみなされてきたが、それは誤りであり、事実は、はじめ守山城に居住し、その後は岐阜城に居住した、とみなされることとなる。

お市の方母子の動向については、その後はほぼ消息を得られない。しかしおそらくは、岐阜城への居住を続けたとみてよいであろう。江戸時代前期後半頃の成立と推測される「祖父物語」には、「御袋と一所におわしけるが」とあって、信長母の報春院《ほうしゅんいん》と同居したことが伝えられている。これが事実かは確認することはできないものの、そのような事態があったとしたら、それはこの岐阜城でのことであったと思われる。

その岐阜城については、天正三年十一月二十八日に、信長は戦国大名織田家の家督を嫡男信忠《のぶただ》に譲って、自身は岐阜城から退去し、しばらく城下にある家老の佐久間信盛《さくまのぶもり》の屋敷に逗留し、それにともなって城主が信長から信忠に交代された。信長は同月初めに、従三位《じゅさんみ》・権大納言《ごんのだいなごん》・右近衛大将《うこんえのだいしょう》の官位についていた。これは室町幕府将軍と同等の政治的地位であり、これはすなわち、二年前から京都に不在となった幕府将軍に代わり、信長が旧幕府管轄地域の統治を担う「天下人」の地位についたことを示すものであった。これをうけて信長は、戦国大名としての織田家の当主の立場を離れ、「天下人」の立場に特化することとし、その居城として近江安土城《おうみあづち》を構築するのである。そして織田家の家督は嫡男信忠に継承させ、あわせて織田家本拠の岐阜城も信忠に継承されたのである。

これによる信長と信忠の立場は、戦国大名家における隠居と当主の関係の相似形にあたり、当主を引退した存在が引き続いて家長の地位を担ったが、信長は「天下人」の立場にあったことからすると、それ以前の室町幕府における「大御所」と将軍に該当するものといえよう。その後もその形態は、羽柴《はしば》（豊臣）政権における「太閤《たいこう》」羽柴秀吉と「関白《かんぱく》」羽柴秀次《ひでつぐ》、江戸幕府における「大御所」徳川家康と「将軍」徳川秀忠《ひでただ》の関係に継承されていくものになる。それは本拠の在り方にも継承された。「太閤」秀吉の本拠は大坂城（大阪市）や伏見城《ふしみ》（京都府）で、秀次の本拠は聚楽第《じゅらくてい》（京都市）であったし、「大御所」家康の本拠は伏見城、次いで駿府城《すんぷ》（静岡市）で、秀忠の本拠は江戸城（千代田区）であった、という具合である。いずれも前者の本拠が、「天下人」の本拠として、「天下の政庁」として機能したのであった。

こうして織田家当主の地位とその本拠の岐阜城は、信忠が管轄するものとなった。お市の方母子は、織田家におけるこの家督交替後も、そのまま岐阜城での居住を続けたとみなされる。お市の方母子は、織田家一族であったから、引き続いて織田家当主の庇護をうけ、そのため岐阜城に居住した、ということになる。庇護者は、兄の信長から甥の信忠に交替されたものの、織田家当主の庇護をうけたということでは、かわりはなかったのである。

ところがその状況は、それから七年後の天正十年六月に、急変することになる。いうまでもなく六月二日の京都本能寺の変で、「天下人」織田信長と織田家当主・信忠の父子が、織田家家老の惟任《これとう》（明智《あけち》）光秀《みつひで》のクーデターによって自害したことによる。織田家は、家長であった信長と、当主の信忠の両方を同時に失うことになった。そのためその後、織田家ではあらたな当主の地位をめぐって内部抗争が繰り広げられていくのであり、お市の方母子もそれに巻き込まれていくのであった。お市の方はこの時、三十三歳くらいであったとみなされる。そして三人の娘は、茶々《ちゃちゃ》が十四歳、初《はつ》が十二歳、江《ごう》が十歳になっていた。

柴田勝家と結婚する

天正十年（一五八二）六月二日の本能寺の変後、残された織田家一族と家老たちは、反乱者・惟任（明智）光秀への反攻をすすめ、六月十三日に山城国山崎《やましろのくにやまざき》（京都府大山崎町）で、信長三男の織田信孝《のぶたか》を主将とし、家老の羽柴秀吉・惟住《これずみ》（丹羽《にわ》）長秀《ながひで》らを主力とした織田軍は、惟任軍を撃破し、その日に光秀は自害する。その後は惟任方の追討をすすめ、十五日には惟任家の本拠・近江坂本城（大津市）を攻略し、惟任方の追討を果たし、叛乱《はんらん》を鎮圧した。そして織田家一族と家臣の有力者は、信忠嫡男の三法師《さんぽうし》（のち秀信《ひでのぶ》）が避難していた尾張清須城に集結した。三法師は、本能寺の変の時点では、本拠の岐阜城に居住していたが、変により美濃国で叛乱勢力の蜂起がみられたため、信忠の領国となっていた尾張支配の拠点の清須城に避難していたのであった（柴裕之『清須会議』）。

そしてこの清須城で、その後の織田体制の陣容が取り決められた。それは、織田家当主に三法師をすえ、その後見役を決定するとともに、信忠と惟任（明智）家領国を中心にした領国の再配分をおこなうものであった。それは六月二十七日のことで、これを「清須会議」と称している。ちなみにこれまで、お市の方母子が清須城に居住していたと考えられていたため、ドラマや小説などではお市の方らも同会議に関わっていたように扱われることが多い。この時に、お市の方母子が清須城に在城していたかどうかは確認できない。ただし岐阜城主の信忠が死去し、その嫡男の三法師が同城から退去して、清須城に移っていることをみると、お市の方ら一族もそれに同行した可能性は高いとみなされる。そうすると「総見記」や「浅井三代記」などが、お市の方が清須城に居住したと記しているのは、本能寺の変後の、この一時的な事態をもとにしたものであったかもしれない。

「清須会議」の内容と、それから賤ヶ岳《しずがたけ》合戦、小牧《こまき》・長久手《ながくて》合戦を経て羽柴秀吉の関白政権成立までの政治展開については、近年研究の進捗が著しい。その到達点を示しているものとして、柴裕之氏の『清須会議』があげられよう。それ以前では、織田家当主の地位をめぐり、信長次男の北畠《きたばたけ》（のち織田）信雄《のぶかつ》と信長三男の織田信孝が競合し、そこに羽柴秀吉が信忠嫡男の三法師を擁立することで、織田家における政治的主導権の確保を果たした、とみられていた。これは江戸時代前期成立の軍記史料（「川角太閤記《かわすみたいこうき》」）からみられたストーリーになる。しかしこれは「天下人」信長と織田家当主信忠の区別がついていないことから生じている。すでに江戸時代人には、その状態を理解できなくなっていて、それによって創られた物語になる。

実際には、織田家当主の地位は、すでに信忠が就いていたのであるから、その嫡男三法師が継承するのは、既定のこととみなされる。問題になったのは、三法師はまだ三歳の幼少であったため、その「名代」となる後見役の選定にあった。そこで候補とされたのは、信忠の同母弟にあたる信雄と、庶出の信孝であった。政治的地位は信雄のほうが圧倒的に上位に位置していたが、信孝は惟任（明智）光秀討伐において主将の立場にあり、叛乱鎮圧の功績があった。そのため容易に決されなかった。

結局、「名代」を立てることは、先送りにされ、代わって会議をおこなった家老四人の集団指導体制が構築された。そして会議をおこなった四人とは、家老筆頭の柴田勝家、惟任討伐を担った羽柴秀吉・惟住（丹羽）長秀、信長の乳兄弟で摂津《せっつ》国主の池田恒興《いけだつねおき》であった。池田の立場は、いわば初期からの信長の近臣出身というものであったから、実質的には柴田・羽柴・惟住（丹羽）の最有力の三家老によるものとみてよい。

領国の再配分について、お市の方に関わるところについて触れておくと、信忠の本国であった美濃は、信孝の領国とされた。信忠のもう一つの領国であった尾張は、信雄の領国に加えられた。浅井家の滅亡後、その領国は羽柴秀吉の領国とされていて、秀吉は新たに長浜城（長浜市）を構築して、領国の本拠としていた。その長浜領は、秀吉から柴田勝家に引き渡された。柴田はそれまで、旧朝倉家領国の越前《えちぜん》を領国として与えられていたが、ここに旧浅井家領国の長浜領を加えるものになった。それはすなわち、朝倉家・浅井家の領国をすべて引き継いだものになる。

ところでこの時、柴田勝家はどうして長浜領を獲得したのであろうか。これについてはこれまで、あまりその理由について追究されることはなかったように思われる。勝家の本国の越前は、織田家本拠の安土城には直接アクセスできない場所であったため、それを可能にするため、といったことが指摘されている。そうしたことも十分に考えられるが、より直接的な理由としては、勝家がお市の方と結婚することにともなうものと考えられるのではないか。前章で指摘したように、お市の方はその後も、「小谷の御方」と称された。それはかつて浅井家領国の旧小谷領にちなむ呼称であることはいうまでもない。その呼称を継続したということは、旧小谷領の継承者は、名目的にこのお市の方とする認識があった、と考えられはしないであろうか。

お市の方と柴田勝家の結婚についての史料は、一つだけしかみられていない。それはこの天正十年に比定される、十月六日付けで、柴田勝家が織田家家臣の堀秀政《ほりひでまさ》に宛てた書状写である（『愛知県史資料編12』二〇四号）。これは勝家が、堀秀政に出した覚書で、「清須会議」の申し合わせ内容の進捗状況について述べているものになる。その一条目に、

一つ、羽筑（羽柴秀吉）と申し合わす筋目、相違無き事、
付けたり、縁辺の儀、弥《いよいよ》其《そ》の分に候、然《しか》りと雖《いえど》も主をさあい事に候間、其の理に

及び候事、

とあり、そこにみえる「縁辺の儀」というのが、お市の方と勝家の結婚を指しているとみなされる。同文書は写本しか伝存されていないため、誤写と思われる部分があり、文意をよくとれないところがある。「主をさあい事」というのがそれにあたる。

しかし文章としては、お市の方と勝家の結婚は、予定通りに実現された、ないしは実現される、という内容と理解される。そのためこの文言から、お市の方と勝家の結婚は、それ以前に取り決められていたことがわかる。ただその文言からだけでは、結婚がそれ以前におこなわれていたのか、その後におこなわれたのかは判断できない。しかしあとであらためて取り上げるが、お市の方はそれより一ヶ月弱ほど前の九月十一日に、勝家の妻という立場で、信長の百日忌法要を主催しているので、勝家との結婚はその九月十一日以前におこなわれていたことは確実と考えられる。ただしそれ以上に、結婚の具体的な日付は明らかにならない。

さてその覚書での条文における主文では、勝家と羽柴秀吉との間で取り決められた内容には、変更はない、ということが記されている。お市の方と勝家の結婚については、その付則項目としてあげられているものになる。したがってこのことから、この結婚そのものが、勝家と秀吉との取り決めによるものであったと認識される。そしてその取り決めがなされたのは、その覚書の内容が、「清須会議」の申し合わせ内容の進捗について述べたものであることから、当然それは「清須会議」でのことであったと理解される。

このことからお市の方は、新たな織田体制の在り方を取り決めた「清須会議」において、柴田勝家と結婚することとされたのであり、同時に、現在は秀吉の領国となっていた長浜領は、かつてお市の方が嫁いでいた浅井家の旧領国であったことから、秀吉から勝家に引き渡されることになった、と考えられる。ここからお市の方と勝家の結婚と、勝家の長浜領領有とは一体のものであった、とみなすことができるであろう。そしてその結婚は、九月十一日までにはおこなわれたことが認識される。「清須会議」がおこなわれたのは六月二十七日であった。そこでの申し合わせ内容が実行されている状況は、八月初め頃には確認されるようになっている。そうするとお市の方の結婚も、七月中にはおこなわれた可能性が考えられる。

「清須会議」の際、お市の方は三法師と同じく清須城に居住していたとみなされるが、会議後、三法師は、七月八日に羽柴秀吉の同伴により上洛し、京都で諸将・諸僧から拝礼をうけ、「天下人」織田家の当主として世間から公認された。しかし本拠とすべき安土城は、惟任（明智）光秀の叛乱に際して焼失していたため、再建がはかられ、それがなるまでの間は、新たに信孝が城主になった岐阜城に居住するものとなった。お市の方も、三法師と同じく、一旦は岐阜城に戻ったことであろう。もしかしたら、そこで勝家と結婚したのかもしれない。そのうえで勝家の本拠の越前北庄《きたのしょう》城に移ったと思われる。そしてその北庄城入りには、三人の娘も同道した。これについては「渓心院文」に、「御いちさまをしばた殿（勝家）に御やりなし、御ひめさま御三方も御同道あそばされ候」と記されている。

ここにお市の方は、本能寺の変後に再構築された新たな織田体制において、家老筆頭の柴田勝家と結婚するものとなった。そしてそこでは、三人の娘を引き連れて、勝家の本拠の北庄城に移り住むことになった。

なぜ勝家と結婚したのか

お市の方は、天正元年（一五七三）の浅井家滅亡ののちは、浅井長政後室として、実家の織田家の庇護をうけ続けていた。それは本能寺の変まで、ほぼ十年にわたるものであった。その間に、お市の方が兄信長の命によって、他者に再嫁することはなかった。理由はわからないが、すでに三十歳をすぎていたから、よほどのことがない限りは、再婚が考えられることはなくなっていたのだろうと思われる。ところが、本能寺の変後の「清須会議」による、新たな織田体制の構築にあたって、家老筆頭の柴田勝家に再嫁することになった。ではどうしてそのようなことが考えられることになったのであろうか。

お市の方がどうして勝家と結婚することになったのか、その理由を示してくれる当時の史料は一つも存在していない。これについてこれまで、羽柴秀吉がお市の方との再婚を要望していたとか、柴田勝家がお市の方との再婚を要望していて、「清須会議」後の織田家での主導権確保を狙う織田信孝と柴田勝家による画策である、といったことが取り上げられている。この話は現在、ドラマや小説でも必ず取り上げられるエピソードといえるであろう。しかもこれは決してドラマや小説での創作ではなかった。元になる話が存在している。ただしそれは当時の史料によるのではなく、江戸時代前期後半に成立した史料にみえているものになる。

その一つは、「村井《むらい》重頼《しげより》覚書」である（『大日本史料一一編一冊』八二五〜六頁）。これは織田家有力家臣であった前田《まえだ》利家《としいえ》の晩年の近臣で、利家の家老・村井長頼《ながより》（一五四三〜一六〇五）の子であった村井重頼（一五八二〜一六四四）による覚書とされている。成立年代は判明していないが、その晩年におけるものとみられている。作者の村井重頼は、天正十年の生まれであるから、その時期についての内容は、後年に誰かから伝えられたものであることは間違いない。そこには、

信長公御妹浅井後家さま（お市の方）を、（羽柴）筑前秀吉御えんぺんののぞみ、柴田しゅり殿（勝家）は御内儀是無きゆえ、これ又御のぞみの時、御本城（織田信雄）と三七殿（織田信孝）と御兄弟申し分有りて、三七殿御申し候は、なじみの女をもち申し候に、信長のいもとをこしもとつかいに仕るべしとの事かと御申しやぶり、殊に柴田は女もなく候由、其の上若きより忠功のもの彼是御申し分候、其の上に後家さまも三七殿御申し分一所に成され、柴田殿へ御祝儀に候、

とある。すなわち、秀吉と勝家はともにお市の方に想いを寄せていたところ、織田信雄と同信孝との間で主導権争いがあり、信孝が、秀吉にはすでに妻（「なじみの女」）がいるので、お市の方を侍女にするつもりかと言って秀吉の申し出を退け、対して勝家には妻がいないうえに、若い時期から織田家に忠功をはたらいていると主張し、お市の方も信孝の主

張を支持して、勝家と結婚した、という。ここでは秀吉と勝家がともに、お市の方に想いを寄せていたこと、信孝が信雄との主導権争いを優位にするために、勝家を味方につけるため、秀吉の意向を退け、お市の方も信孝の主張を支持して、勝家と結婚することにした、という内容になっている。

もう一つの史料が「祖父物語」である（前掲刊本三二七頁・前掲書八二六〜七頁）。同史料についてはは先に、これまでは慶長《けいちょう》年間（一五九六〜一六一五）頃の成立とみられていたが、文中の表記内容などから、江戸時代中期くらいの成立と考えられることを述べておいた。そこには、

太閤（羽柴秀吉）と柴田修理（勝家）と取り合いは、その頃威勢あらそいとも云う、又は信長公の御妹お市御料人のいわれなりとも申す也、淀殿《よどどの》の御母儀なり、近江の国浅井（長政）が妻なりける、浅井にはなれさせ玉いて、御袋（報春院）と一所におわしけるが、天下一の美人の聞こえ有りければ、太閤御望みを掛けられしに、柴田岐阜へまいり、三七殿（織田信孝）へ心を合わせ、お市御料を迎え取り、己が妻とす、

とある。すなわち、お市の方は「天下一の美人」の評判であったため、秀吉はお市の方との結婚を要望したが、勝家はそれに対抗して、岐阜城にいって城主の織田信孝とはかって、お市の方を自身のもとに迎えて、妻にした、という。ここにお市の方が「天下一の美人」と記されていることが注目されるが、それについては本章の最後で取り上げるので、ここで取り上げることはしない。ここでは、秀吉と勝家の主導権争いは、互いの威勢を争ったものとも、お市の方をめぐるものであったともいう所伝を伝えて、後者について、秀吉がお市の方と結婚することを要望していて、勝家はそれに対抗するために、織田信孝を味方に付けて、お市の方との結婚を実現させた、という内容になっている。

いずれにおいても、おおよそ、秀吉・勝家ともにお市の方に想いを寄せていて、織田信孝のはからいによってお市の方は勝家と結婚した、とするものになっている。話の流れはほぼ共通しているので、おそらくは元になる話があったのであろう。しかしだからといってそれが事実であったかどうかは別である。そもそもそれらの史料の成立は、江戸時代前期後半以降のものであること、元の話があったとしても伝聞によったであろうこと、しかも秀吉と勝家の権力抗争についての理由を見いだそうとするなかでのものであることからすると、他者ないし後世の人による、興味深い内容にするための、いわば低俗な憶測の可能性が高いと思われる。

　そもそも実際に起きたと推定される事実との間に矛盾がみられている。先に記したように、お市の方と柴田勝家の結婚は、「清須会議」で取り決められたものとみられ、それは勝家が長浜領を請け取ることと一体のこととみなされた。したがってその後にみられた、秀吉と勝家の主導権争いのなかで生じたことではなかった、とみなされる。とくに「祖父物語」では、「清須会議」によって岐阜城主となった織田信孝のもとに、勝家が訪れて、お市の方との結婚を実現したように記していたが、そもそも信孝が岐阜城に入る以前に、お市の方と勝家の結婚は取り決められていたと考えられるから、そのような事態は生じえなかった。それらはおそらく、お市の方と勝家の結婚が「清須会議」での取り決めによることが忘却されたなか、秀吉と勝家の権力闘争の理由を、興味本位で認識しようとして生み出されたものであったように思われる。

　それではお市の方が勝家と結婚することになったのは、なぜと考えられるか。それを示す史料がないため、推測するしかないが、考えられるのは、勝家と織田家一族との姻戚関係を形成するため、ということと思われる。「清須会議」は実際には、勝家・秀吉・惟住（丹羽）長秀の有力三家老による協議であった。そのうち秀吉は、信長五男の秀勝を養嗣《ようし》子《し》としており、惟住（丹羽）長秀は、信長の庶兄・信広《のぶひろ》の娘を妻にしており、また嫡男長《なが》重《しげ》は信長娘（五女か）の報恩院殿《ほうおんいんでん》と結婚していた、というように、ともに織田家一族と姻戚関係を有していた。対して勝家のみ、織田家一族との姻戚関係を有していなかった。

また新たな織田体制における双璧が、秀吉と勝家であったことは間違いなく、そのうち秀吉は信長実子と姻戚関係にあった。したがって勝家も、それに匹敵する姻戚関係の形成をはかったに違いない。その場合、秀吉と同じく、信長の実子の男子を養子に迎えるなり、娘を嫡男の妻に迎えるという方法もあったであろう。しかし当時、秀吉養嗣子の秀勝よりも下の信長の男子は、まだ元服前であったし、娘は結婚するには年少すぎるものばかりであったから、それらは現実味がなかったのであろう。その結果として、採用されたのが、信長の妹と勝家の結婚であったのではなかろうか。

そして当時、後室として存在していた信長の姉妹には、犬山殿《いぬやまどの》・小林殿《こばやしどの》・乃夫殿《のぶどの》、そしてお市の方があった。このうち犬山殿・乃夫殿には、男子がいて、その母として存在していたから、候補者たりえなかったであろう。小林殿に男子があったのかどうかは明らかではないが、信長とあまり変わらない年齢であったとみられるので、すでにかなりの年齢に達していたとみなされる。それらに対して、お市の方はまだ三十三歳くらいであり、これから子どもの出産も決して不可能ではなかったし、男子がいなかったので婚家の存続を気にする立場になかった。しかもお市の方は、先に述べたように、信長母の報春院と養子縁組したか、信長の養女とされたか、信長の嫡流筋に位置付けられていたことが推定された。これらのことからすると、お市の方は、勝家が織田家一族と姻戚関係を形成するにあたって、まさに恰好の存在であったに違いない。

ではこの申し出をうけて、お市の方はどのように思ったであろうか。もちろんそのことをうかがわせる史料はないので、これについても推測するしかない。しかしお市の方は当時、織田家当主から庇護をうける一族の一人という立場にあった。本能寺の変までは、当主信忠から庇護をうけていた。「清須会議」の結果、新たな当主はその信忠の嫡男三法師と決まったが、まだ三歳の幼少にすぎなかったため、勝家・秀吉・惟住（丹羽）長秀・池田恒興による集団指導体制が構築された。そのため実質的な庇護者は、その四家老ということになる。

その四家老の協議で、お市の方と勝家との結婚が取り決められたのだから、お市の方に否やをいう権利はなかったといわざるをえない。どうしても再婚がいやであれば、出家・遁世《とんせい》という手段もあった。しかしその場合、まだ年少の三人の娘を養育することはできなくなる。お市の方にとって、この三人の娘の養育こそが最優先の課題であったと思われ、それを実現するには、「清須会議」での取り決めを受諾するしかなかったことであろう。とはいえ結婚相手の勝家は、家老筆頭の立場にあったことからすると、話としては悪いものではなかったといえる。お市の方はそれらのことを勘案して、勝家との結婚にのぞんだのではなかったか。

信長百日忌主催の意味

お市の方が柴田勝家との結婚をうけておこなった事蹟として、注目されるのが、九月十一日に信長の百日忌法要を主催していることである。それは京都妙心寺《みょうしんじ》で開催された。その時の仏事香語が「月航和尚語録」に収録されている（『大日本史料一一編二冊』五三二〜三頁）。当然ながらその前後の期間、お市の方は在京していたことになる。

信長の葬儀はまだおこなわれていなかった。そうしたなかでお市の方が、この百日忌法要をおこなっていることにどのような意味をみることができるであろうか。ちなみにそれより十三日前の八月二十八日に、摂津国居住の「功徳主某信女」、すなわち信長乳母であった池田恒興母・養徳院《ようとくいん》が、百日忌法要の予修をおこなっている。養徳院が百日忌法要の予修をおこなっているのは、乳母としての個人的な親近性によるものであろう。そうするとその十三日後に、お市の方が百日忌法要をおこなっているのも、同じく信長との親近性にもとづくものと考えられる。

しかし信長との親近性だけというのなら、母報春院、正妻の「安土殿」（養華院殿《ようけいんでん》）、子どもの信雄・信孝らもいた。もちろんそれらの人々も、独自に百日忌法要をおこなっていた可能性もある。しかしもしそうであったら、それを伝える史料が少しでも残されていておかしくはないように思う。信長の法要であるから、京都のしかるべき寺院で開催されたに違いないと考えられるからである。しかしそれを示す史料が残されていないことからすると、やはり法要は、乳母であった養徳院によるものと、このお市の方とによるものとしか、おこなわれていなかったと考えるのが適切と思われる。

その場合、お市の方は、法要を主催できる相応の立場にあった、ということになる。このことに関しては、すでに第一章において、報春院との養子縁組か、信長の養女とされていたか、いずれにしろ織田家嫡流に位置した存在であったことを想定した。それゆえに法要を主催することができたと考えた。とはいえ、織田家嫡流に位置したのは、お市の方だけでなかった。ではどうしてお市の方はこの法要を執行したと考えられるであろうか。お市の方はすでに、越前北庄城に居住していたと考えられるから、法要のためにわざわざ上洛したことになる。それをあえておこなっているのだから、そこには相応の理由があったことになる。

この頃にはすでに、刷新された織田体制において、早くも主導権争いが展開されるようになっている。一つは、信雄と信孝の領国境目をめぐる国境紛争である。もう一つは、信孝が三法師を擁していることをもとに、事実上の「名代」化の動きを強めていて、これに秀吉が対抗し、安土城の再建を急ぐようになっていて、それに対して信孝は、秀吉が山城山崎に本拠を構えたことについて、「天下」統治を主導しようとしている行為として非難していることである。こうした状況からすると、信孝と秀吉との対立が顕著になっていたことがわかる。

そしてこれに勝家が加わってくるのであった。九月三日、勝家は惟住（丹羽）長秀に送った書状で、秀吉が安土城に三法師を移そうとしていることについて、安土城の修築が十全におこなわれてからでよいという意見を示している（『丹羽長秀文書集』一二〇号）。勝家は、秀吉が三法師を取り込もうとしている動向に対し、警戒心を示すようになっている。こうして勝家は、秀吉への対抗から、信孝との関係を強めていったと思われる。

お市の方による信長百日忌法要は、そのような情勢のなかでおこなわれたものになる。そうした情勢の推移にてらしてみれば、勝家側が織田体制における主導権争いで、優位を獲得していくための一つとしておこなわれた、と考えられるであろう。主催者のお市の方も、現在は勝家の妻であることから、それに協力し、主催者を務めたのだろうと思われる。

しかし信孝・勝家と秀吉との政治対立は、深刻さを増していく。十月十五日に秀吉は、信長五男で養嗣子であった秀勝を喪主に、京都大徳寺で信長の葬儀を執行したのである。信長の葬儀は本来は、当主三法師を喪主に、四家老が協同で執行すべきものであったろう。それがこの時までおこなわれていなかったのは、四家老、とりわけ勝家と秀吉の足並みが揃わなかったからであろう。そうしたなか秀吉は、いわば葬儀を単独で強行したのだといえよう。その葬儀には、惟住（丹羽）長秀は家臣を代参させ、池田恒興は次男照政を参加させた。いずれも自身は参列しなかったものの、葬儀に協力したのであった。これにより長秀・恒興は秀吉に加担する立場を示すことになり、勝家と秀吉の対立は決定的となった。

ところが織田家当主の三法師は、信孝に庇護されていた。勝家はそれと結んでいたから、秀吉の政治勢力は、織田勢力で大勢を占めるようになっていたものの、名分を欠いていた。そこで秀吉は十月二十八日に、惟住（丹羽）長秀・池田恒興と相談して、信雄を、三法師に替えて織田家当主に据えることを決した。これはすなわちクーデターにほかならない。ちなみにこの信雄の立場について、三法師の「名代」とみるか、織田家当主とみるかという両様の意見があるが、典拠となる史料には単に「御代」としか記されていないので、織田家当主と理解してよいと考える。ここに「清須会議」で構築された体制は、早くも瓦解したのである。

こうして織田家は、三法師を擁する信孝・勝家と、新当主の信雄を擁する秀吉とに分裂した。しかし勝家は、決定的な対立を避けて、十一月二日に、一旦、秀吉との和睦を成立させている。しかし対立は解消されず、十二月になると両勢力の抗争が開始された。秀吉は信雄を安土城に迎え入れることを名目に、信孝・勝家方の平定を開始し、まず勝家の領国であった長浜領を攻撃、城主・柴田勝豊《かつとよ》（勝家の甥、姉婿の吉田次兵衛の子）はちょうど病身であったため、すぐに秀吉に降伏してしまった。次いで信孝の領国の美濃に侵攻し、信孝の本拠・岐阜城を攻囲した。信孝は秀吉に和睦を要請し、三法師を秀吉に引き渡し、また人質を差し出した。その後、三法師は安土城に入城し、また信雄も同城に入った。そして翌天正十一年正月、信雄は安土城で諸将・諸人から年始の挨拶をうけた。これにより信雄の織田家当主の地位は、世間から公認されたのであった。

この時、勝家は、秀吉の侵攻に対抗することができなかった。領国の越前から動くことを雪が遮っていたからであった。その結果、秀吉の勝利を指をくわえてみているよりほかないという状態であった。そこで秀吉が構築した織田体制では、勝家は明確に排除されるかたちになった。そのため勝家は、あらためて秀吉への対抗姿勢を示していくことになる。それがそのまま、勝家のみならず、お市の方の滅亡をもたらす、賤ヶ岳合戦、次いで北庄城落城へと展開していくのであった。

お市の方の覚悟

勝家と秀吉の対決は、勝家方の先制攻撃ではじまった。天正十一年（一五八三）正月、信孝・勝家に味方していた滝川一益《たきがわかずます》が挙兵した。滝川は、北伊勢を領国としていて、柴田・羽柴・惟住（丹羽）らに匹敵する有力な織田家の家老であった。しかし「清須会議」後の織田体制では、政権中枢から排除されていた状態にあった。そのため滝川は、信孝・勝家と秀吉の対立にあたって、信孝・勝家に味方する立場をとっていた。滝川はここで、領国周辺の攻略を開始したのである。そのため秀吉は、二月十日に、滝川攻撃のため、北伊勢に侵攻した。

これをうけてであろう、勝家も二月二十八日に、味方勢力支援のために、まだ雪深いなか、先陣を近江北部に出陣させた。自らも三月に入ってから近江北部に進軍し、柳ヶ瀬《やながせ》（長浜市）に着陣した。これをうけて秀吉は、北伊勢の攻略を信雄に委ねて、自身は近江北部に転進し、柳ヶ瀬の柴田軍に対峙する。四月に入ると、今度は岐阜の信孝が挙兵した。そのため秀吉は、信孝攻略のため美濃大柿城《おおがき》（大垣市）に着陣した。これをうけて勝家は、四月二十日に、甥の佐久間盛政に賤ヶ岳の秀吉軍を攻撃させ、中川清秀《なかがわきよひで》らを戦死させる。それに対して秀吉は、大柿城からすぐにとって返し、二十一日に柳ヶ瀬の柴田軍と合戦し、これに勝利した。すなわち賤ヶ岳合戦である。

合戦に敗北した柴田軍は壊滅状態になって敗走し、勝家もまた本拠の北庄城まで敗走した。秀吉軍はこれを追撃しつつ進軍してきて、秀吉は二十二日に越前府中城《ふちゅう》（越前市）に着陣した。ここで勝家の与力武将であった前田利家らが秀吉に降伏している。そして二十三日に北庄城に攻め寄せてきて、北庄城は秀吉軍に攻囲された。賤ヶ岳合戦の敗北からわずか二日後のことにすぎなかった。合戦での敗北で、柴田軍はほとんど壊滅状態におちいっていたことがうかがわれる。

秀吉軍は北庄城を攻囲すると、時間をおかずに攻め立ててきた。「柴田合戦記」によれば、総構はすぐに破られ、城壁から十間・十五間の距離で布陣してきた。城内では軍勢を四方に分けて対抗した。城内から勝家助命の嘆願をし、秀吉にとって「昵近古老《じっきん》」の武将と協議したものの、認められなかったという。そしてすぐに攻めかかってきたという。勝家は防戦することができず、ついに天守に引き上げた。そして信頼ある家臣八〇人を呼び集めて、「勝家の運命は明日ときまった。今夜は夜明けまで酒宴・遊興し、名残を惜しもう」と言って、酒宴に騒いだという。しかし夜更けになって、家臣らは酒を飲むのを止めて、退去していったという。

そしてお市の方と勝家も寝室に戻り、最後の語らいをしている。そこで勝家はお市の方に、こう語ったという。

小谷の御方（お市の方）は、勝家妻女たりと雖も、将軍（織田信長）の御一類にして、所縁多し、殊更秀吉は相公（信長）の后孫に至るまで、憐憫《れんびん》相親しからざる者なし、明朝敵陣へ案内し、落ち給わんに、何の妨げかあらんや、その儀に同じ給わば、慥《たし》かに送り届くべき由、

（現代語訳）

小谷の御方は、勝家の妻ではあるが、信長の親類なので、所縁のものが多い。とりわけ秀吉は、信長の子孫に対して憐憫し親切にしないわけがない。明朝、敵陣に案内するので、退去することに何の妨げもないだろう。そのことに同意してもらえれば、確実に秀吉のもとに送り届けるつもりである。

ここで勝家は、お市の方に対し、信長の一族であるため所縁のものが多くいるうえ、秀吉は信長の子孫を決して蔑ろにしないはずだからとして、北庄城からの退去を勧めている。そしてお市の方が承知すれば、その手筈《てはず》をととのえ、確実に秀吉のもとに送り届けることを述べている。これに対してお市の方は、次のように語ったという。

小谷の御方聞き敢《あ》えず、泣きくどき、一樹の陰、一河の流れも他生の縁に依る、況《いわ》んやわれ多年の契りをや、冥途黄泉《めいどよみ》までも誓いし末《す》え、たとい女人たりと雖も、意《こころ》は男子に劣るべからず、諸共に自害して、同じ蓮台に相対せん事、希《ねが》うところなり、

（現代語訳）

小谷の御方は聞き入れず、泣きながら語り、「一樹の陰に宿り、一河の流れを汲む事

も、皆これ他生の縁ぞかし」（謡曲『小督《こごう》』の一節で、ある木陰に宿ったり、ある川の水を汲むことも、すべて前世からの因縁による、という意味）という、まして私は、多年の契りを結んで、黄泉までも一緒にと誓った、たとえ女性だからといって、意は男性に劣ることはない、一緒に自害して、同じ蓮台の上に座して向き合うのが願いである、

お市の方は勝家の勧めを敢然と拒否した。謡曲『小督』の一節を引用し、何事も前世からの因縁であるとし、勝家と結婚したからには、勝家とともに死ぬのが筋であり、私は女性ではあるが、その考えは男性に劣ることはないので、一緒に自害することを主張している。ここからお市の方に、結婚したからには、婚家が滅亡する際にはそれに殉じる考えがあったことがわかる。

先に浅井家滅亡の際に小谷城から退去したことについて、お市の方は「くやしい」という思いを持っていたことに触れたが、それはこの考えから出ていたものであった、と理解できるように思う。お市の方は、結婚した以上は婚家と生死をともにすべきものであり、それゆえに婚家滅亡の際に実家に戻るのは、自身の意志に反するものであったため、「くやしい」と認識していたのであった。

ちなみにこうした考えについて、現代のドラマや小説では、夫との愛情を持ってくるところであろうが、いうまでもなく戦国時代にそのような考えは存在しない。夫婦の愛情などという観念は、近代社会の産物だからである。ここでお市の方が拘《こだわ》っているのは、戦国大名家・国衆家における結婚であり、それは国家と国家の外交関係にあたった。お市の方は、婚家と生死をともにすることが結婚したものの責任と認識していたのであろう。浅井家滅亡の際には、それを果たすことができず、その後は「くやしく」思うことになったので、今回は必ず自分の意志を貫きたい、と考えていたのであった。

このお市の方にみられた結婚観は、当時の戦国大名家・国衆家において、一般的なものであったのかどうか、現在の私に答える準備はない。今後、他の事例に接していくことで、見極めていくことにしたい。しかしそれでも、このお市の方の場合によって、当時、そのような観念が存在していたことを認識できる。いまだ私がこれまで確認できた事例からの経験的な感覚でしかないが、戦国大名家・国衆家の結婚において、離婚の事例をほとんどみることはできないので、この観念は当時において一般的なものであった可能性は高いように思われる。しかしその一方で、離婚の事例もないわけではない。そうするとそれはどのような事情が作用したものであったのか、追究の必要性が認識される。そこでの違いは、時代的な変化によるのか、家の階層的な違いによるのか。そうした観点からの追究が必要となるであろう。

またこれは、結婚を契約と認識するものといえるが、それはいわゆる近代の家族制度における結婚観につながるものといってよい。とすればそのような結婚観が、この時期の武家において存在していたことを認識できる。そうであればそのような結婚観が、どのような経緯で成立してきたのか、あらためて追究することが必要であろう。さらにはお市の方はそこで、女性ではあるが、男性と同様に契約を守ることを主張している、と読み取ることができる。そこには、男性は契約を守るが、女性はその必要はない、とでもするようなジェンダー観の存在をうかがうことができる。これについてもどのような経緯で成立してきたのか、追究していく必要があろう。

それはともかくとして、ここにみえるお市の方の姿から、お市の方は自分の意志を強く持っていた人物であった、ということがわかる。そしてそれは、家父長制社会のなかにあっても、自らが男性に負けるものではないと自負する、気概を認識させる。戦国大名家・国衆家を担った女性たちには、このような意志の強さ、気概が必要であったのだろうし、それなくしては戦国大名家・国衆家の存続は果たされなかった、と認識することができるように思う。

三人の娘を秀吉に引き渡す

「柴田合戦記」は、このあと、お市の方と勝家はしばらく昔語りをしたと記している。そして少し微睡《まどろ》みだしたころに、ちょうどホトトギスが鳴いていたのを聞いて、二人は辞世の和歌を詠んだという。そしてそれは、

さらぬだに　打ちぬる程も　夏の夜の　夢路をさそう　ホトトギスかな　小谷の御方
夏の夜の　夢路はかなき　跡の名を　雲井にあげよ　ヤマホトトギス　勝家

というものであった。二人は結婚してからまだ十ヶ月も経っていない間柄であったが、戦国大名家・国衆家の夫婦というものを、しっかりと体現していたことがうかがわれる。

ところで「柴田合戦記」はその後について、翌二十四日の「寅の一点」(午前三時～三時半)から秀吉軍の攻撃が開始されたことを記している。しかしここに記されていないこととして、三人の娘を秀吉に引き渡したことがあった。そのことについて「柴田合戦記」は

全く記していない。しかしその引き渡しの様子については、「渓心院文」と「柴田勝家公始末記」に記載がある。

史料的に信頼性が高いのは、「渓心院文」である。そこには、

しばた殿御申すには、御いちさまに御ひめさまがた御同道にて御出なされ候えと、たって御申し候えども、御いちさま仰せには、あざい殿時分出させられさえ御くやしく候に、何とて御出あるべきや、しばた殿御一所との御事に而、御ひめさまがたは御出しなされかし、ちくぜん守殿（羽柴秀吉）はのぶ長公御こうおんの御人にて候間、あしくはめさるまじく候まゝ、ちくぜん守殿へ御たのみなされ候わんとて、御いちさま御じひつにて御書を御そえなされし、御ひめさま御かたを御こし壱つに御めさせまし、女中のこらずほうぼうにて御供いたし候えども、初めて御三の間まで御おくりあそばし候、ことの外御うつくしく御とし頃より御若かに御廿二、三にもみえさせられ候との事、てきのじんばえもおくさまがた御出とて、ぱっとひらき、御こし・女中をとおし申し候との事、御いちさまはしばた殿御一所に御おわり成さるるとの事、御とものの女中二、三人との事、

と記されている。少し長文なので意訳を示しておこう。すなわち、

勝家はお市の方に対して、三人の娘とともに北庄城から退去するように、強く勧めたが、お市の方は、浅井家滅亡の際に小谷城から退去したことを悔しく思っているので、退去することはしない、勝家とともに死ぬことを主張した。そのため三人の娘だけ退去させることにした。羽柴秀吉は信長から厚恩をうけた人であるから、悪いようにはしないだろうからとして、勝家からそのことを秀吉に交渉すると、お市の方も自筆の書状を書いて秀吉に依頼した。三人の娘を輿《こし》一丁に乗せて、その侍女たちすべてを付き添わせただけでなく、自身も見送りのために初めて城の「三の間」まで出て行った。その容貌はとても「美しい」もので、年齢よりも若く見え、二十二、三歳にも見えたということである。秀吉軍の軍勢も、お市の方が出てきたとして、ぱっと開いて、娘が乗る輿を通したという。お市の方は勝家と一緒に生涯を終えたという。それに殉じた侍女は二、三人とのことという。

というものになる。これによれば勝家は、お市の方に三人の娘とともに北庄城から退去することをすすめたが、お市の方は自身については拒否し、三人の娘だけを秀吉に引き渡すことにしたことが知られる。そしてその交渉をおこなっている際に、お市の方は自筆の書状を書いて、秀吉に依頼したことが知られる。このことからお市の方は、三人の娘の庇護を、直接に秀吉に託したことがわかる。

そして三人の娘を輿一丁に乗せて、その侍女たちを付き添わせ、自身も見送りのために初めて城の「三の間」まで出て行ったという。初めて、とあるから、それまでお市の方は、その「三の間」まで出てきたことはなかったのであろう。にもかかわらずこの時にそこまで出て行ったというのは、それだけ三人の娘が無事に秀吉軍の陣中を通行できるか、心配であったためであろう。そして秀吉軍も、お市の方が出てきたため、輿を通過させたのであった。この「三の間」というのが、具体的にどのような場所にあたるのかはわからないが（いわゆる三の丸のことかもしれない）、その外側に秀吉軍が在陣していたとみなされることから、攻防の最前線に位置していた場所であったことはうかがわれる。そうするとお市の方は、三人の娘の行方を確かめるために、わざわざ敵軍の目の前まで出て行って、娘たちを見送ったのであった。

次に「柴田勝家公始末記」には、

勝家公自害の砌《みぎり》、酒宴を設けらるる席にて、お市殿へ宣《のたま》うは、当家へ入輿ありてわずかの年月に付き、そこ元は羽柴筑前守秀吉の為には主家の事に候えば、疎略には致す間敷《まじ》きの間、三人の女子を伴い、出城に及ばれ候様と進め玉えば、今更公を見捨て参らせて出城いたすべき哉《かな》、ともに死出の山路を越え、同じ蓮の台に座せんとて、三女子に家臣富永新六・奥村金次郎を差し添えられ、秀吉の方へ差し向けらるれば、毛頭疎略には仕り間敷くとの返答ゆえ、勝家公の自害を見参なり、続いて生涯し玉う、

とある。おおまかな内容は「渓心院文」にみえていたことと同様とみることができるが、ここでは、勝家がお市の方に退去を勧めたのは、酒宴の際のことであったことが記されている。しかしこれは「柴田合戦記」が記していることとは相違している。「柴田合戦記」では、酒宴のあと、お市の方と勝家が寝室に戻ってから、話をしているなかでのことと記されていた。

また三人の娘の引き渡しにあたっては、勝家の家臣富永新六と奥村金次郎の二名が付き

添ったことがみえている。この部分については、「渓心院文」に記されていた内容とは大きく異なっていて、侍女の付き添いやお市の方の見送りについては記されていない。いずれが正しく誤っているのか、あるいはそれぞれ互いに記していないだけなのか、判断は難しい。ただし侍女に加えて男性家臣二名が同行したということは十分に想定できる。わざわざ二名の家臣の名前までが記されていることから、その情報には一定の根拠があったようにも思われる。そのためここでは、そのようにみておくことにしたい。

ともかくもこうしてお市の方は、自らは北庄城から退去することをせず、勝家とともに自害することを決意していた。しかし三人の娘については、秀吉に引き渡すことにし、その際には自筆で書状を書いて、直接に秀吉に依頼をしている。それは三人の娘が、織田家一族であったから、秀吉も十分に庇護することを見越してのことであった。ここに三人の娘は、母お市の方とも離れることになった。娘たちはまだ、長女の茶々ですら十五歳にすぎなかった。当然ながら、他者の庇護をうけなければ生きていくことができなかった。お市の方はそのことは認識していたはずであろう。にもかかわらず、自身は勝家と死をともにすること、そしてあえて、娘たちを早くから両親のいない存在にしてしまうことを選択したことになる。

三人の娘を秀吉に引き渡すことについては、勝家がお市の方に北庄城からの退去を勧めたものの、お市の方が拒否したことをうけて取り決められた、とみることができる。「柴田合戦記」には、このことは記されていなかったが、お市の方が拒否したあと、秀吉との交渉がおこなわれ、秀吉からも了解がえられ、それにより引き渡しがおこなわれた、という経緯であったと考えられる。時刻は明確にならないが、二十四日の夜半のことであったろう。お市の方と勝家が辞世の和歌を詠んだのは、そのあとのことであったろうか。

ここでお市の方は、三人の娘を秀吉に託した。三人の娘を自身に殉じさせることはしなかった。そのことについてはどのように考えることができるであろうか。もっとも大きな理由として考えられるのは、三人の娘は勝家とは養子縁組を結んでいなかったらしいことであろう。これについて福田千鶴氏（『江の生涯』）は、こののちにおいて三人の娘は、浅井長政の娘として存在しており、また勝家の供養などをおこなっていないことから、勝家との養子縁組はなかったと推定している。私もそのように考えるのが妥当と思う。したがって三人の娘の北庄城における立場は、お市の方の連れ子、というものであったと考えられる。したがって三人の娘は、柴田家と運命をともにする筋合いにはなく、それゆえに北庄城からの退去を取り決めたと考えられる。

しかも母のお市の方が織田家一族の立場にあったことからすれば、三人の娘もまた同様に、織田家一族の立場にあったと考えられる。「柴田合戦記」にも、秀吉は信長の子孫に対して蔑ろにしないことが記されていた。同様のことは「渓心院文」や「柴田勝家公始末記」にもみえていたので、そのことは当時において一般的に認識されていたことであったろうし、実際にもその後において、秀吉は織田家一族の多くを庇護している。そのためお市の方は、三人の娘は織田家一族の立場にあったから、秀吉が必ず庇護するものと認識して、秀吉に引き渡すことにしたのであろう。

これにより三人の娘は、母ともわかれることとなった。それはすなわち両親を失うということであり、今後は秀吉の庇護のもとで生きていかざるをえない境遇におかれるものとなった。そのことについて娘たちはどう認識したであろうか。長女の茶々は十五歳になっていたから、それなりの感慨を抱いたに違いない。そして自分たちとはなれることにした母のお市の方の決断について、どのように認識したであろうか。

少なくとも三人の娘にとって、実家は浅井家であったが、それはもはや存在していない。それに準じるのが、母の実家の織田家であったが、それとのつながりも、母が存在しなくなることで、十分な関係は望めそうにはなかった。まして現在の織田家当主は信雄であり、お市の方と勝家は、信雄と対抗関係にある信孝と結んでいたから、信雄から十分な庇護をうけられるとは思っていなかったであろう。頼みは、織田家において主導権を握っていた秀吉しかいなかった。お市の方も勝家も、秀吉は信長の子孫を疎略にすることはないと認識していて、そのために三人の娘を秀吉に引き渡すことにしたのであったが、三人の娘たちに、不安がないわけはなかったことであろう。

こうしてはからずも、三人の娘は、両親を失い、秀吉の庇護のもとで生きていかなければならなくなった。

お市の方の最期

四月二十四日の午前三時頃から、秀吉による攻撃が再開された。「柴田合戦記」が記す、そこから勝家の最期までの様子をみていくことにしよう。

秀吉軍に、すぐに城中に攻め入られ、「乙の丸」（二の丸にあたるか）で激しい攻防が展開されたらしい。そして「甲の丸」（本丸にあたろう）にまで攻め寄せてきた。城兵は、大石を重ねて防御を固めた。天守は九重で、石の柱に鉄の扉という構造で重厚なもので、精兵三〇〇人が立て籠もった。秀吉軍は天守によじ登ろうとしても、城兵から弓・鉄炮によって攻撃された。そのため秀吉は、足軽を後退させ、重武装した勇士数百人を選抜し、鑓《やり》と打物だけで天守に突入させてきた。

これをうけて勝家は、天守の最上階に後退し、敵勢に向かって言葉戦いし、「勝家は只今、切腹するので、敵勢にも心ある者は、前後を鎮めて見物し、私の名を永遠に語り伝えよ」と大声で名乗った、という。その後、お市の方に語って、「頼りない約束（結婚のこと）のために、夫の手にかかって死去させてしまうことは、とても痛ましく、とても嘆かわしい。これもまた前世の業《ごう》による因果でなくてなんであろうか。けれども自害は武家の習いであり、生者必滅《しょうじゃひつめつ》、会者定離《えしゃじょうり》、誰がこれを免れることができようか」と語ったという。

これをうけてお市の方、それに勝家の妾一二人、三〇人余りの女房衆たちは、最期にあたって念仏を唱えはじめた。その光景は、柳の枝が風に揺れるように、桃の花に露がついているようなものであったという。これにはどれほど邪見（因果の道理を無視する考え）の人であっても、剣をとって殺しにくることはないだろうとして、勝家は一人一人を刺し殺し、そのうえで切腹の様子を見ろ、として、まず左脇に刀を指して、右の背骨まで切りつけ、返す刀で胸の下から臍《へそ》の下まで切って、内臓を掻きだした。そして近臣の中村文荷斎《なかむらぶんかさい》に、首を打つよう命じ、文荷斎によって介錯《かいしゃく》されたという。そして文荷斎も、切腹し、信頼ある家臣八〇人余も、互いに刺し違えたり、自害したりして、ついに柴田家は滅亡したのであった。

こうしてお市の方は、最後は勝家に刺し殺されるかたちで、その生涯を終えた。三十四歳くらいであったとみなされる。のちに法名を、高野山小坂坊（現、持明院《じみょういん》）から照月宗貞禅定尼と、越前自性院から自性院殿微妙浄法大姉と、それぞれ諡《おくりな》されている。お市の方の菩提《ぼだい》が、死去直後に弔われていたのかはわからない。三人の娘によって、何らかの形で菩提は弔われたのかもしれないが、具体的に確認できるのは、長女の茶々が、正式に菩提を弔った天正十七年（一五八九）まで待たなくてはならない。それは浅井長政の一七回忌、お市の方の七回忌にあたっていた。お市の方の供養については、北川氏が詳しく述べているので（「それからのお市と娘たち」）、以下では、それによりながらみていくことにしたい。

そのお市の方の七回忌法要は、長政の一七回忌法要ともども、長女の茶々によっておこなわれたものであった。その際に、長政の肖像画とお市の方の肖像画が作製されて、同寺に納められた。法要には肖像画が不可欠であったからである。そしてそれらの肖像画は、現在も小坂坊の後身にあたる持明院に収蔵されている。したがって二人の肖像画は、供養者である茶々の記憶に残っていた容姿が描かれたものになろう。

茶々はこの時、「天下人」となっていた羽柴秀吉の別妻の一人として存在し、この年に嫡男鶴松《つるまつ》を出産しており、秀吉嫡男の生母の立場にあった。鶴松出産からおよそ半年後の十二月に、高野山小坂坊でそれらの法要を執行している。お市の方の法名は、おそらくこの時に諡されたと考えられる。そこにはすなわち（「浅井家之霊簿」『大日本史料一一編四冊』三七五頁）、

日　　　浅井備前守殿御内儀
照月宗貞禅定尼　大坂二丸様より御志、
　　　　天正十一暦四月廿四日

とある。菩提を弔ったものとして「大坂二丸様」とあるのがすなわち茶々のことで、この時期、茶々は大坂城二の丸に居住していたため、そのように呼称されていた。

ここにそのように記されていることから、小坂坊での供養がこの時に初めておこなわれたものであったとみなされる。そうであれば、茶々にしてから、お市の方の供養を正式にはそれまでおこなえなかったことになる。理由はわからないが、秀吉に抵抗して死去した

人物であったため、秀吉への手前、おこなうことができなかったのかもしれない。しかし嫡男鶴松を産んだことで、茶々の地位は正妻の木下寧々《きのしたねね》に次ぐ立場にのぼり、鶴松の成長を願う意味からも、その外祖父母にあたる長政とお市の方の菩提の弔いが、秀吉から許可されたのではなかったろうか。

こうしてようやく、お市の方の供養は、世間に何ら気兼ねすることなくおこなえるようになったとみなされる。茶々はさらに、文禄《ぶんろく》二年（一五九三）に次男秀頼《ひでより》を産むが、翌年が長政の二一回忌にあたることから、京都での菩提寺として、方広寺に養源院を建立している。寺号は、長政の法名・養源院殿天英宗清大居士からとったものになる。ちなみに同寺は、羽柴家滅亡ののち、火災などにより衰微したが、江戸幕府将軍徳川秀忠《ひでただ》の正妻となっていた江が再建している。長政・お市の方の供養は、末娘の江によって担われていった。

お市の方のもう一つの菩提所となるのが、越前自性院（仏光寺からの改号）であった。同寺の開創は、長政二三回忌にあたる慶長《けいちょう》十年（一六〇五）と所伝されているものの、第一章で述べたように、その時には茶々をはじめ三人の娘が生存しているにもかかわらず、開創に関与した形跡は全くみられていないことから、少なくとも茶々らの関与しないものであったとみなされる。

そうするとあるいは、実際の開創は、茶々（元和《げんな》元年〈一六一五〉死去）だけでなく、江（寛永《かんえい》三年〈一六二六〉死去）、さらには初（同十年死去）が死去してからのちのことであったかもしれない。その場合、建立の主体となったのは、その時期に越前の領国大名として存在していた越前松平家かその関係者かもしれない。何らか初代北庄城の城主であった柴田勝家の事蹟を顕彰することがあり、それにともなうものであったかもしれない。このことについては今後、具体的な事実が明らかにされることを期待しておきたい。

「天下一の美人」は本当か

本章での最後に、お市の方に関する著名なエピソードについて検証しておくことにしたい。それはお市の方が「天下一の美人」と評されていたことについてである。現在、それはお市の方の代名詞ともなっているといってよい。そのため本書でもそれを無視することはできない。あらためてそのことを検証しておきたい。

お市の方を「天下一の美人」とする直接の典拠は、先にも引用したが、「祖父物語」である。そこに「天下一の美人の聞こえ有りければ」と記されていた。さらにそこには続けて、それゆえに秀吉がお市の方と結婚することを望んでいた、という話に展開している。

これまでは、同史料の成立は慶長年間頃とみられていたため、比較的に信憑性のある話として受けとめられてきたが、そこで記したように、同史料の成立は、江戸時代前期後半以降とみなされる。そのためその評判が、当時からのものであったのかは不明ということになる。

しかしながらお市の方は、やはり当時から「美人」と認識されていたことがうかがわれる。それを示すのが「渓心院文」になる。北庄城で三人の娘を秀吉に引き渡すにあたって、「三の間」まで出てきた際のこととして、「ことの外御うつくしく御とし頃より御若かに御廿二、三にもみえさせられ候」と記している。この認識はおそらく、三人の娘に供奉した侍女らによるものであったと思われる。ここに「とても美しい」とあることから、お市の方が当時において「美人」と認識されていたことは確かとみてよいであろう。

そしてその「美人」とは、年齢が若くみえ、二十二、三歳のようだった、というから、実際の年齢よりも若く見えたのがその理由であった。とはいえ、この年齢よりも若く見える、というのが具体的に何を指してのことかはわからない。お市の方はこの時、三十四歳くらいと推定される。そうすると実際の年齢よりも、十一、二歳若く見えた、というのであるから、およそ一回りほど若く見えた、ということになる。ではそれはどのようなことを想定できるであろうか。

お市の方が「三の間」に出てきたのは、おそらく深夜のことであったろう。いうまでもなくかがり火など以外の明かりはなかったし、お市の方もまた化粧を施していたことであろう。そうしたなかで若さを認識できるとすれば、髪の毛の色艶や肌の張りくらいのように思われる。実際にどうであったのかはわからない。しかしお市の方が、当時から「美人」と認識されていたことは間違いないといえるであろう。しかしそれが、「天下一の美人」と認識されていたのかどうかといえば、わからないとしかいいようがない。それを記す「祖父物語」は、少なくともそれから一〇〇年ほど後の成立になるからである。

憶測をたくましくするなら、死後から一〇〇年ほどのなかで、秀吉と勝家の抗争は、お市の方をどちらが獲得するかが原因にあり、両者の抗争は織田家での主導権をめぐるものであったから、それは「天下」を争うのと同意であり、その争いの原因であったお市の方の美人さは、それゆえに「天下一」のものであった、と考えられていったのかもしれない。「祖父物語」はそのような認識を書き留めたものかもしれない。

とはいえお市の方がそのように、江戸時代半ばの時期に、「天下一の美人」と表現されるようになったことが、その存在を、後世に記憶させ続けた大きな理由であったことは間違いないであろう。それは現代のドラマや小説にも引き継がれ、そのため現在においても、お市の方は戦国女性のなかで、一、二を争うほど著名な存在であり続けるものとなってい る。そしてそれにともなって、お市の方への関心が引き続いて作り出され続けているといえるであろう。

かくいう本書も、まさにその恩恵に浴したものになる。これまで述べてきたように、お市の方に関する当時の史料は、ほとんどみることができない。その限りでは、ほぼ空想の世界の存在ということになる。しかしにもかかわらず、断片的な史料、さらに後世成立の史料をもとに、お市の方について一書をなすことが可能だったのは、お市の方の著名さにもとづいており、それは彼女が江戸時代に「天下一の美人」と評されたことによっている。おそらくそれがなければ、お市の方は、せいぜい信長の妹の一人、国衆・浅井長政や柴田勝家の妻、さらには茶々ら三人の娘の母、といった程度でしか認識されることはなかったであろう。それがお市の方として、一人の歴史的人物として認識され続けてきたのは、「天下一の美人」という表現によって、個性が確立されていたからである。

ただし研究者の立場からすると、お市の方が「天下一の美人」であったのかどうかは、どうでもよい問題にすぎない。それが当時の認識ではないと考えられるからだ。ただ当時においてもお市の方は、「美人」と認識されていた。これについては、当時の認識において「美人」とは何についていっていたのか、が気にかかる。それは人に対する認識が、時代や社会の変化にともなってどう変化していくのか、を認識することにつながり、ひいてはそのことが現代社会の有り様を相対化するための足がかりになるからである。

第四章

三人の娘の結婚

秀吉の庇護をうける

お市の方の三人の娘、茶々《ちゃちゃ》・初《はつ》・江《ごう》は、北庄《きたのしょう》城落城を前に、お市の方から羽柴《はしば》秀吉に引き渡された。これにより三人の娘は、秀吉の庇護をうけることになった。茶々は十五歳、初は十三歳、江は十一歳であった。そして三人の娘はその後、秀吉の差配によって、結婚していくことになる。すなわち茶々はその秀吉の別妻の一人になり、やがて嫡男鶴松《つるまつ》、次いで秀頼《ひでより》を産み、羽柴家嫡男の生母として存在していく。初は、いとこにあたる京極高次《きょうごくたかつぐ》と結婚した。江は、はじめ秀吉の甥の羽柴（小吉《こきち》）秀勝《ひでかつ》と結婚し、秀勝との死別後は、秀吉の養女とされて、徳川家康の嫡男秀忠《ひでただ》と結婚した。

本書の最終章では、それらまだ年少であった三人の娘が、いわゆる独り立ちをするまでの経緯について触れることにしたい。お市の方も三人の娘が、無事に生きていけるかどうかを案じていたに違いないからである。そこで本章において、天正《てんしょう》十一年（一五八三）の北庄城退去後、三人の娘がそのように結婚するまでの経緯について述べることにしたい。

三人の娘は、秀吉に引き取られたあと、どこに居住したのであろうか。残念ながらそのことを伝える当時の史料は残っていない。ただし江戸時代後期成立で、徳川将軍家の妻妾の伝記をまとめている、「柳営婦女伝系《りゅうえいふじょでんけい》」（巻七「崇源院殿（江）之伝系」、『史料徳川夫人伝』所収）には、「秀吉是《これ》を聞き、急に安土《あづち》へ送り入れる」とあり、安土城に居住したことが伝えられている。同様の性格にある「玉輿記《ぎょくよき》」（巻二「崇源院殿の伝系」、同前書所収）にも同じように記されている。現在、これらの他に手がかりはえられないので、ここではその内容を信用しておくことにしたい。

これらによれば三人の娘は、北庄城から退去したあと、秀吉に請け取られると、安土城に移ったと理解される。安土城には、織田家当主の三法師《さんぼうし》（のち織田秀信《ひでのぶ》）が在城していた。そうすると三人の娘は、織田家一族の人間として扱われることになった、とみることができるであろう。しかし秀吉は、柴田勝家《しばたかついえ》滅亡をうけて、織田体制の主導者の立場を確立し、織田家家老の池田恒興《いけだつねおき》を、摂津《せっつ》大坂から美濃大柿《みのおおがき》領に転封《てんぽう》させて、事実上の「天下人」として行動するようになった。そして同年八月から、新たな本拠として大坂城の築城を開始する。また正確な時期は判明していないが、三法師を安土城から退去させ、近江《おうみ》坂本城（大津市）に居住させ、織田家当主の信雄《のぶかつ》についても安土城から退去させ、本拠の清《きよ》須《す》城に移らせている。「天下の政庁」としての安土城の機能を停止させ、自身の大坂城を、それに代わる「天下の政庁」に位置付けようとするものであった。

これらのことから三人の娘は、三法師らの安土城退去とともに、同城から退去したと考えられる。ではその後、どこに居住したのであろうか。これに関しては、中村博司氏によって検討されており（『豊臣政権の形成過程と大坂城』）、秀吉と行動をともにし、秀吉の織田時代の本拠であった播磨《はりま》姫路《ひめじ》城（姫路市）に居住したことが指摘されている。中村氏は、賤《しず》ヶ岳《たけ》合戦後における、秀吉、秀吉母（天瑞院殿《てんずいいんでん》）、秀吉妻（木下寧々《きのしたねね》）の居所を明らかにしている。賤ヶ岳合戦後の天正十一年六月に、天瑞院殿と木下寧々は、秀吉弟の秀長《ひでなが》の領国であった但馬《たじま》に赴いていて、秀吉は播磨国を秀長に引き渡すため、姫路城に入った。そこで妻の寧々を姫路城に迎え、八月末にそろって大坂城に移っている。

秀吉・木下寧々は、その途中で有馬《ありま》温泉に湯治するが、その時に姫路城で留守していたとみなされる者に、茶々がいた。それは同年八月のものと推定される秀吉の自筆書状に（『豊臣秀吉文書集』八一七号）、茶々を示すとみなされる「大たにの五もし」がみえていることによる。関係部分を掲げると、又申し候、るすの者一日のごとくによく候べく候、又「大たにの五もじ」へおきやしないをよくおき、ふべんになきようにめされ候べく候、又ははにて候者（天瑞院殿）は、いまだたじまにい申し候や、

とある。宛名人は判明していないが、秀吉・木下寧々の女房衆（女性家臣）と推測される。二人の留守の間、一日だけのように気を抜かずに勤めるよう指示している。それに続いて出てくるのが「大たにの五もじ」である。

「大たに」のうちの「大」は、「おお」とも読むが、「小」の宛字として「お」と読む場合もある。ここでは「おだに」と読んで、すなわち「小谷」のことと理解される。そして「五もじ」は、秀吉は別妻の松の丸殿について「西の丸五もじ」（当時、大坂城西の丸に居住）、養女の樹正院《じゅしょういん》（前田《まえだ》利家《としいえ》娘・宇喜多《うきた》秀家《ひでいえ》妻、いわゆる「豪姫《ごうひめ》」）を「五もじ」と称している。「五もじ」は「御料人《ごりょうにん》」の愛称だが、秀吉の場合は、妻や娘の愛称として使用していたことがうかがわれる。そして「小谷」を冠される御料人とは、のちに秀吉の別妻となる茶々しか該当しない。そのためこれが茶々を指していると理解されるのである。しかも

「小谷」を冠されての呼称は、母お市の方のそれを継承するものであった。ここに茶々は、北庄城からの退去後当初は、「小谷の御料人」と称されていたことを知ることができる。そしてこれが、茶々に関する当時の史料として、初見にあたるものとなる。

その書状で秀吉は、茶々に関して、それを世話する者を置いて、彼女に不便のないようにすることを、宛名人に指示している。これによりこの時、茶々は姫路城に居住していたとみることができる。そうであれば茶々は、北庄城から一旦は安土城に入ったものの、おそらく秀吉が姫路城に移るにともなって、それに同行して、姫路城に移ってきたことが推測される。そしてここで秀吉に同行しているということは、茶々が秀吉にとって、特別な存在になっていたことを示している。

秀吉から茶々に結婚の申し入れ

そのことに関して、「渓心院文《けいしんいんのふみ》」に重要な記載がある。まずはその部分を掲げよう。

御ひめさまがたははしば殿（羽柴秀吉）御うけとりまま御ひぞうにて、御あねさま（茶々）へ御使にて、御一所にならせられ候様にとの御事に候え共、十三にても御ちえよく御内しょう無さたのようす御ききおよびも御座候ゆえ、御返事に、か様に御おやさまなしに成りまいらせられ、御たのみ成され候えば、如何様とも御さしずしだいなら、まず御いもとさまがたを御ありつけまし給わり候え、そのうえにて御ぬしさまの御事はともかくもと仰せられ候を、御よろこび、いそぎじょう高院さま（初）は御すじめも御ざ〔候脱〕ゆえ、京極さいしょう（高次）さまへ御やりましまいらせ候、さい相さまの御ふくろさまはあざい殿（長政）御きょうだいゆえ、御いとこと〔すヵ〕ちにて候事、大御台さま（江）御事はくどく申すにおよばず候、

（現代語訳）

御姫様たちは羽柴秀吉にお請け取られたまま、秀吉に大切に扱われ、秀吉は茶々に御使いを出して、「私と御一緒（結婚）するように」という用件であったところ、茶々は十五歳であったが御知恵がよく、秀吉からの申し出が、実際には急いでいないという状況を知ったため、秀吉への御返事には、「このように親なしになってしまい、秀吉を御頼みするしかない状況なので、どのようなことについても秀吉の御指図に従うだけなので、まずは妹たちをどなたかと結婚させていただきたい。そのうえで私は貴方様とのことを何とでもいたしましょう」と仰られたことに、秀吉は喜んで、すぐに

常高院《じょうこういん》様（初）を、筋目もあったので、京極高次と結婚させた。高次の母は浅井《あざい》長政《ながまさ》のきょうだいであったので、初と高次はいとこであった。大御台様（江）については くわしくいう必要もない。

これによると秀吉は、茶々らを引き取ったあとすぐに、茶々に結婚を申し入れたことが知られる。これに対して茶々は、十五歳にすぎなかったものの頭がよく回る人物であったようで、秀吉のその意向が、急いだものではないことを把握すると、まずは妹たちの結婚を取り計らってもらうことを申し入れ、それが解決したら秀吉と結婚することを承諾したという。

これは茶々が、三人姉妹の長女の立場にあったことから、妹二人の処世に責任を負っていたこと、それを実現しようとしての行動とみることができる。すでに両親を失い、実家を失っていた三姉妹は、その後の人生は、しかるべき人と結婚することでしか遂《と》げることはできない状況にあった。そのため茶々は、自身は秀吉から結婚を申し入れられたことで、秀吉の庇護をうけることができるようになるものの、二人の妹が処世できるよう配慮して、自身の結婚の条件に、妹二人の結婚の取り計らいを提示したのだといえよう。

そうすると秀吉が茶々に結婚を申し入れたのは、六月の姫路城行きの頃のことであろう。姫路城において、茶々が秀吉から「小谷の御料人」と称されていて、秀吉から生活の具合について配慮されているのは、すでに結婚が前提になっていたからと思われる。またこの時、妹の初・江はどうしていたと考えられるであろうか。茶々が安土城から姫路城に移った際に、それに同行したのか、それとも別の場所に移ったのであろうか。このことについて考えるための材料は全くない。しかし別の場所に移るといっても、それが可能と思われる場所は思い浮かばない。確たる根拠があるわけではないが、茶々が二人の妹の行く末を強く気にかけていたことからすると、姫路城に同行したのではなかろうか。茶々は長女として、二人の妹を庇護するという考えを強く持っていたであろうから、別の場所で暮らすとは考えがたく、自身に同行させたであろうと思われる。

そしてその後、時期は判明しないが、茶々は大坂城に移ったことであろう。同時に妹の初・江も、茶々に従って大坂城に移ったと考えられる。先に茶々が姫路城に居住していた時、秀吉母の天瑞院殿はいまだ但馬に居住していた。この天瑞院殿も、やがては大坂城に移ることになる。茶々が大坂城に移るのも、その行動にあわせてのことか、それと前後してのことであったろうか。今後、この時期の秀吉の家族の動向が明らかにされていくことで、わかってくることであろう。

江と佐治信吉の結婚は事実か

天正十二年(一五八四)初め頃に、末妹の江は、尾張大野《おわりおおの》領の佐治信吉《さじのぶよし》(一成《かずなり》)(一五六九～一六三四)と結婚したとみられている。しかしながら実は、このことを示す当時の史料はみられない。この所伝は、すべて江戸時代成立の史料によっている。そのなかで成立がもっとも早いとみなされるのは、「太閤素生記《たいこうすじょうき》」であるという(福田千鶴『江の生涯』)。これは寛永《かんえい》二年(一六二五)から延宝《えんぽう》四年(一六七六)の間に、江戸幕府旗本・土屋知貞《つちやともさだ》によって著されたものとされる。

江が佐治信吉と結婚したのが、天正十二年初め頃と推測されているのは、同年三月からの小牧《こまき》・長久手《ながくて》合戦よりも以前とみなされていることによる。同合戦は、羽柴秀吉と織田信雄・徳川家康との合戦であり、佐治信吉は織田信雄の家臣であった。そして同合戦の結果、江は佐治信吉とは離婚させられて、秀吉のもとに引き取られたと伝えられている。

この江と佐治信吉の結婚について、詳しく検討しているのが、宮本義己氏(『誰も知らなかった江』)と福田氏となる。宮本氏は、江と佐治信吉の結婚時期について、通説に依拠したうえで、その場合は、織田信雄の差配によって結婚したという見解を示している。茶々ら三姉妹が安土城に移ったことで、三姉妹は信雄の庇護下に入ったととらえ、それゆえに江と佐治信吉の結婚は、信雄の差配によると理解したのであった。

しかしこれについては、先に述べたように、茶々が天正十一年六月頃に安土城から姫路城に移っていることが明らかになったことで、ただちには成り立たなくなる。江が茶々に同行して、姫路城に移っていた可能性は高く、その場合には、江は秀吉の庇護下にあり続けたことになるからである。さらにその場合、その後に佐治信吉と結婚したのであったら、それは秀吉の差配によると考えられることになる。

一方、福田氏は、江戸時代の佐治信吉の子孫の系譜などを用いて、独自の見解を示している。その一つは、佐治信吉は、通説では佐治為興《ためおき》（信方《のぶかた》）の子とされているが、為興の弟とする所伝があることをもとに、その可能性を推測するとともに、信吉の生年が永禄《えいろく》十二年（一五六九）とする所伝に疑問を呈し、もっと年長であった可能性をも想定するというものである。ただし為興は天文《てんぶん》十九年（一五五〇）生まれであり、その父・対馬守《つしまのかみ》（為《ため》貞《さだ》と伝えられる）は、弘治《こうじ》二年（一五五六）に死去していることから（瀧田英二『常滑史話索隠』）、その場合には信吉は、同年以前の生まれであったことになる。しかしその場合、信吉は通説よりも十三歳以上年長ということになり、世代としては、江の母・お市の方と同世代になる。その場合、果たして江が信吉と結婚するということがありえるのか、疑問が生じる。

もう一つは、江と佐治信吉の結婚について、佐治為興死去直後の可能性を指摘していることである。これは信吉の子孫の系図史料に、そのように記されていることをもとにしている。そしてその場合、結婚は、伯父の織田信長の差配によることを指摘している。ただし江は天正元年（一五七三）生まれであるから、結婚は、直後といっても為興が元亀《げんき》二年（一五七一）に死去してから二年後以降のことになる。信吉が、通説の通り永禄十二年生まれとすれば、その時は五歳ということになるから、結婚というよりは婚約であったと考えられる。また福田氏が想定するように、信吉が為興の弟であったとしたら、信吉はその時には若くても十八歳くらいであったことになる。江との年齢差はあまりにも大きすぎると思われる。

福田氏は、信吉はお犬の実子ではなかったと推定している。これについては先に取り上げたように、妥当な理解とみなされる。そうすると信吉の立場は、為興の弟か庶長子のいずれかと考えられる。仮名《けみょう》が歴代の八郎ではなく、与九郎を称していることから、庶子であったことは間違いないであろう。いずれが妥当かただちに決められないが、信吉の没年齢についての所伝、その後の動向からすると、生年は通説通りとみたほうが妥当と思われるので、信吉は、為興の庶長子の可能性が高いであろう。父為興死去時は、わずか三歳にすぎなかったが、他に継承者に相応《ふさわ》しい存在がいなかったため、家督を継いだということになろう。あるいは年齢については、もう少し上にみてもよいかもしれない。

またその際、お犬の実子とみなされている中川秀休《なかがわひでやす》の存在をどう理解するかが問題になる。これについては福田氏が述べるように、幼少すぎていたため、候補者たりえず、お犬に引き取られたと考えられるであろう。ただしこれは、秀休が佐治為興とお犬の子であることを前提にしたうえでのことになる。信吉とその一族の動向については、確実な史料が少なく、福田氏が新たな史料を見いだして検討しているとはいえ、まだまだ確実なことはわからないところが多い。今後、さらに検討が進展していくことを期待したい。

ともかくもこれらの検討からすると、江と佐治信吉の結婚については、織田信長の生前におけるものとみるか、信長死後におけるものとみるか、大きく二つの理解が成り立つ。「太閤素生記」をはじめ、江戸幕府関係の将軍妻妾に関する史料（「柳営婦女伝系」など）や、信吉子孫の系図史料（鳥取藩士佐治家譜など）に、江と佐治信吉の結婚について所伝されていることからすれば、現段階では、結婚そのものは事実であった可能性を排除できない。しかし当時の史料には、結婚について全くその痕跡をみることができないのも、明確な事実である。そうするとその場合、実際に結婚があったのか、それにいたらず婚約にとどまったのか、と考えると、後者の可能性が高いように思う。もし小牧・長久手合戦の段階で、江が信吉と結婚していたとしたら、何らの痕跡も存在していない、というのはやはり考えがたいからである。

もし江と信吉の結婚という事態が、信長の差配により、婚約にとどまったものであったとしたら、なぜお市の方の娘のなかで末娘の江が、それにあてられたのか、が問題として生じる。年齢からすれば、信吉と同年齢の長女の茶々のほうが相応しいと考えられるからである。これに関して福田氏は、茶々は長女として、浅井家の嫡女として重い役割を担うことが決まっており、佐治家はお市の方の姉・お犬の婚家であったから、織田家と親和的な存在であり、そのため末娘の江が選ばれたのだろうと、推測している。いまはこの推測に従うのが妥当と思われる。

江は佐治信吉と結婚したという所伝はあるが、それは確実といいうるものではない。もしそれが事実を伝えるものであったとすれば、その実態は、信長時代に婚約が成立されたものと理解するのが妥当であろう。しかし信長の死去により、結婚は実現することなく、破談したと考えられるであろう。その時、江はまだ十歳にすぎなかったから、結婚が実現しなかったことは、十分に考えられる。

初と京極高次の結婚

江と佐治信吉の結婚が、信長生前における婚約にすぎず、結婚は実現していなかったとすれば、お市の方の三人の娘のなかで、最初に結婚したとみなされるのは、次女の初になる。先に掲げた「渓心院文」の記載では、茶々の妹たちの結婚について、まず初の結婚が記され、次に江の結婚が記されていたが、それは確かな事実であったとみなすことができそうである。ちなみに初の名については、初は通称であり、本名は「な（「おなべ」か「おな」か）」であったことが指摘されている（有馬香織「『初』の名前」）。なお初に関する研究は、それほど進んでいるとはいえないが、ここでは小浜市立図書館編『京極高次夫人 常高院殿』と奥村徹也氏の研究（「浅井三姉妹の二女——常高院」小和田哲男編『戦国の女性たち』所収）をあげておくことにしたい。

初が結婚したのは、京極高次（一五六三〜一六〇九）である。高次は永禄六年（一五六三）生まれなので、元亀二年（一五七一）生まれの初よりも、八歳年長にあたる。高次の父・高吉《たかよし》（一五〇四〜八一）は、近江国主の政治的身分にあり、初の実家の浅井家は、その家宰《かさい》というべき立場にあった。近江北部は実質的には浅井家の領国であったが、京都政界では、政治的には京極家の領国として認識されていた。高吉の妻、すなわち高次の母は、浅井長政の姉妹であり、そのため初と高次はいとこの関係にあった。母は「京極マリア」と称されている人物で、死後の法号を養福院殿《ようふくいんでん》といった。「実宰庵縁起」では長政の姉と記されているといい（渋谷美枝子「京極マリアの生涯」〈『常高院と京極の女達』所収〉「京極高次の母」「京極マリア夫人」など）、永禄六年に長男高次を産んでいることからみて、妥当であろう。高次を二十歳で産んだとすれば、生年は天文十三年（一五四四）頃と推定され、同十四年生まれの長政よりも年長とみてよいであろう。

　養福院殿と高吉の結婚は、高次誕生の二、三年前とすれば、永禄二、四年のことになる。両者の間には、永禄六年に長男高次、元亀三年に次男高知《たかとも》（初名生双、一五七二〜一六二二）が生まれ、生年不明の松の丸殿（寿芳院殿《じゅほういんでん》、武田《たけだ》元明《もとあき》妻のち羽柴秀吉妻、いわゆる「京極竜子《たつこ》」、?〜一六三四）・氏家行広《うじいえゆきひろ》妻（西津《にしづ》殿《どの》・松雲院殿《しょううんいんでん》、?〜一五九七）・朽木《くつき》宣綱《のぶつな》妻（秀隣《しゅうりん》院殿《いんでん》・マグダレナ、?〜一六〇六）の三人の娘があった。高次と松の丸殿の長幼関係は明らかでないが、夫の武田元明（一五五二か六二〜八二）の動向から推測すると、高次が兄、松の丸殿が妹の可能性が高いとみられる。その場合には、松の丸殿はおよそ永禄八年頃の生まれとみることができるかもしれない。

ちなみに高次とそのきょうだいに関する研究は、それほど進展しているとはいえない。高次については渋谷氏（「キリシタン大名京極高次」）と清水有子氏（「京極高次・高知」五野井隆史監修『キリシタン大名』所収）の論考があるにすぎない。高知については、清水氏の同論考のほか、山本慈昭氏『飯田市建設の祖　京極高知公伝』があるくらいである。松の丸殿についても、桑田忠親氏（「側室松の丸殿」同著『豊臣秀吉研究』所収）があるにすぎず、その他の姉妹については、前掲『常高院と京極の女達』に関連する論考が収録されている程度である。今後においてそれらの研究が進展することを期待したい。

初が京極高次と結婚した時期については、当時の史料で確認することはできない。わずかに福田氏が、茶々が羽柴秀吉の別妻となっていたことが確認される天正十四年（一五八六）以前と推測しているにとどまっている。高次の動向についても、同十五年までについては、当時の史料で確認することはできない。唯一、その動向を伝えているのが「京極御系図」（『新編丸亀市史4』所収）であり、それによれば、同十二年に羽柴秀吉の直臣に取

【浅井・京極家関係系図】

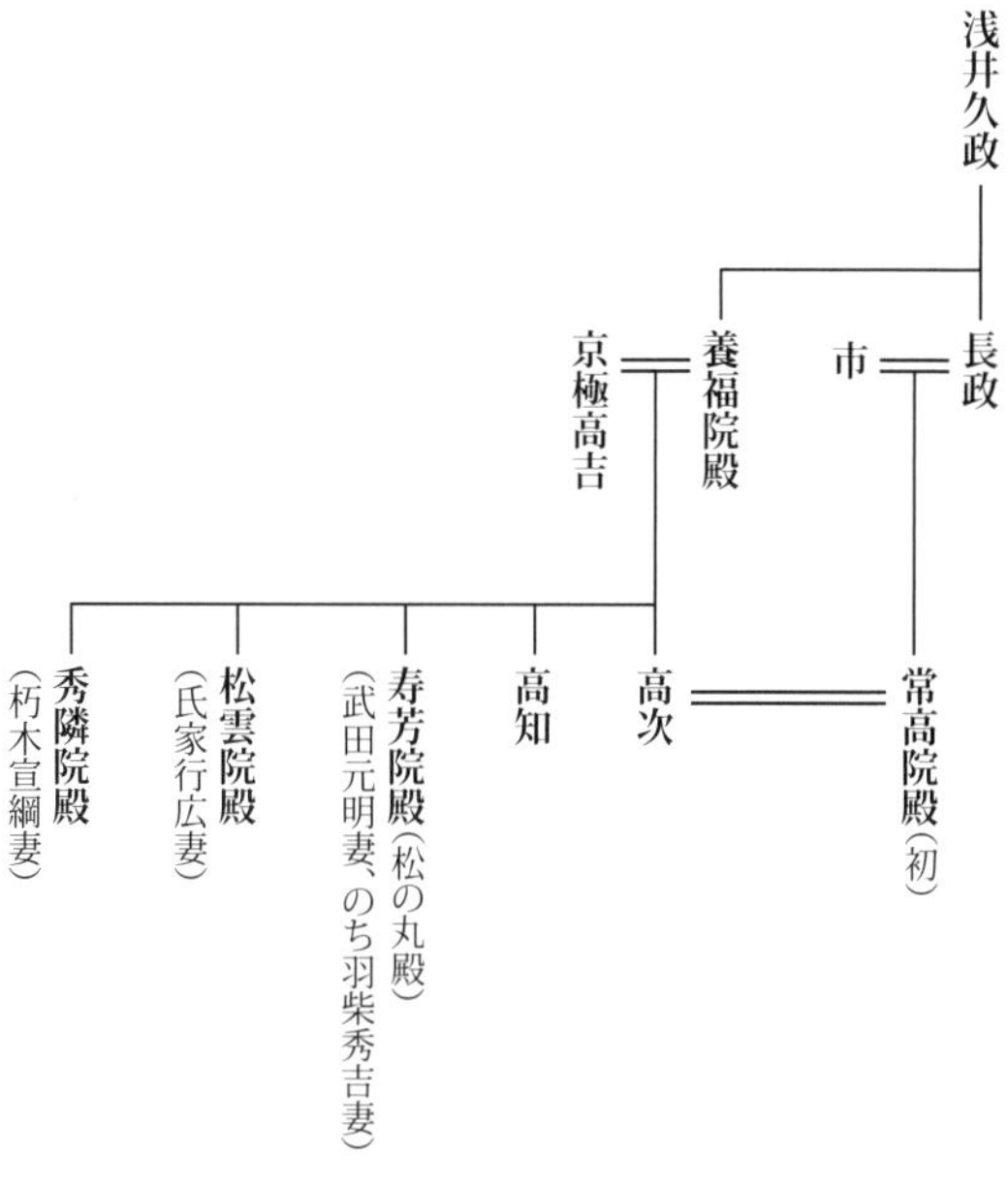
浅井久政
長政
市
養福院殿
京極高吉
常高院殿（初）
高次
高知
寿芳院殿（松の丸殿）
（武田元明妻、のち羽柴秀吉妻）
松雲院殿
（氏家行広妻）
秀隣院殿
（朽木宣綱妻）

り立てられ、近江国高島郡内で知行《ちぎょう》二五〇〇石を与えられ、同十四年に五〇〇〇石に加増され、同十五年に近江国大溝領一万石に加増されたとされる。

同十四年以前において、結婚がおこなわれるような画期とみられるのは、同十二年に秀吉の直臣になったことであろう。それは、その後に初と結婚していることからすると、その結婚を想定しての事態とみることができると思われる。高次は、本能寺の変の際は、大名としての復活を期し、長浜領の経略を図って惟任《これとう》（明智《あけち》）光秀《みつひで》に味方し、その後は柴田勝家を頼っていたという。そして柴田勝家の滅亡後は、牢人となったが、妹松の丸殿が羽柴秀吉の別妻になったことで、秀吉から赦免され、そうして同十二年に知行二五〇〇石を与えられた、という経緯にあった。この状況からすると、初が高次と結婚したのは、それをうけてのことと考えることができるように思う。次に述べるように、江と羽柴秀勝の結婚は、同十三年とみなされるので、初の結婚がそれより以前とみれば、結婚は同十二年のことであった可能性が高いと考える。その時、初は十四歳であった。

初が高次と結婚したのは、両者はいとこの関係という極めて親しい間柄にあったとともに、京極家は浅井家の主家として、その意味でも親しい関係にあったから、それらのことがもとになっていたと思われる。初の結婚相手は、親しい親戚筋から選択されたのだろうと考えられ、その候補者には、高次はまさに最適であり、かつそれ以上の候補者は他には見当たらなかった。その後に、江が秀吉一門衆の羽柴秀勝、次いで徳川秀忠と結婚し、茶々が秀吉の別妻になったことからすると、初の結婚相手はかなり見劣りする。それは初の結婚が、茶々の結婚以前のことであり、そのためいわば身内での結婚が選択されたことによろう。

それでも高次は、初と結婚したことにより、領国規模は小さいながらも高い政治的地位を与えられることになる。同十六年に侍従に任官して公家成大名《くげなりだいみょう》とされ、有力大名の一人になった。そして慶長《けいちょう》元年頃に左近衛権少将《さこんえごんのしょうしょう》、同二年頃に参議《さんぎ》に任官されている。少将以上の任官は、大規模な領国大名以外では、秀吉の一門衆もしくは親類衆に限られていたから、高次は親類衆の立場に置かれていたとみなされる（拙著『羽柴を名乗った人々』）。それはすなわち、茶々の妹である初の婿であったからにほかならない。ちなみに「渓心院文」は、豊臣・近世大名としての京極家は、初によって創出されたという認識を示している。実際のところ、そうみなして差し支えない。

江と羽柴秀勝の結婚

初の結婚に続いて、末娘の江が羽柴（小吉）秀勝（一五六九～九二）と結婚した。夫の秀勝は、秀吉の姉・瑞竜院殿《ずいりゅういんでん》の次男で、のちに秀吉の養嗣子《ようしし》になって家督を継ぐ秀次《ひでつぐ》の弟にあたる。一般的には、この秀勝は、秀吉の養子とみられることが多いが、事実ではない。当時の史料では、秀勝は秀吉との関係については「甥」としかでてきていない。したがって秀勝の立場は、あくまでも秀吉の甥にすぎず、その血縁関係から秀吉の一門衆として位置した存在になる。ちなみに一門衆としての序列は、当初は秀長（秀吉弟）・秀次に次ぎ、親類衆の宇喜多秀家（秀吉の養女婿）と同等であったが、その後においては弟秀保《ひでやす》（秀長養子）、秀吉養子の秀俊《ひでとし》（のち小早川秀秋《こばやかわひであき》）、親類衆の宇喜多秀家、徳川秀忠よりも下位に位置付けられ、一門衆のなかでは最下位に位置するものとなっている（『羽柴を名乗った人々』）。

江と羽柴秀勝の結婚時期について、私は以前に、天正十三年（一五八五）十月十八日のことと推定されることを指摘した（『羽柴を名乗った人々』）。なおこれについてはそれ以前に、岡田正人氏（「将軍秀忠夫人となったお江」小和田哲男編『浅井三姉妹の真実』所収）によって指摘されてもいた。これは『兼見卿記《かねみきょうき》』同年十月二十日条（史料纂集本刊本三巻一〇八頁）に、十八日のこととして、「関白（羽柴秀吉）淀へ坂本より御出で也、関白殿の甥小吉祝言と云々」と記されており、ここでの小吉秀勝の「祝言」を、江との結婚を指しているのではないか、と推定したことによる。それまで江と秀勝の結婚時期については、それを明記する史料がなかったことから、確定されていなかった。宮本氏は、同十九年頃との推定を示し、瀧田英二氏は同十四年頃との推定を示している、という状況であった。しかしながらそれらについてはいずれも、何らかの根拠があったわけではない。

この天正十三年十月十八日の秀勝の「祝言」の内容が、江との結婚であることを示す明証があるわけではない。当時の秀勝は、十七歳にすぎず、わずかに近江瀬田《せた》城（大津市）を与えられていたことが知られるにすぎない。その知行高については不明であるが、瀬田城以外にも、摂津国にも所領を与えられていたことがうかがわれる。そうしたなかで、秀吉が近江坂本城から山城淀城《やましろよど》（京都市）に赴いて、そこで秀勝の「祝言」がおこなわれたのであった。秀吉臨席のもとでの「祝言」というと、何らかの縁組みしか想定できず、そうであればそれは、江との結婚を指していると推定することは十分に可能であろう。江はこの時、十三歳にすぎなかったが、その年齢で結婚しても不自然ではない。

江の結婚相手が羽柴秀勝とされたのは、秀勝が秀吉の一門衆のなかで、未婚の人物として最年長であったためと推測される。序列も秀長・秀次に次ぐ位置にあり、将来において有力な一門衆となることが想定されていたに違いない。すでに秀吉は、前年の小牧・長久手合戦の勝利をうけて新たな「天下人」の地位を確立させていて、この年の七月に関白に任官し、新たな秩序体系による羽柴政権を発足させていた。秀吉は茶々と結婚することを予定していたから、その妹である江についても、それに相応しい相手を考えていたことであろう。そうして一門衆の有力者となることが予定されていた秀勝との結婚となったのであろうと思われる。

秀勝は翌年、丹波《たんば》亀山《かめやま》領（知行高は不明）を与えられて、領国大名の立場になる。亀山領は、秀吉の養嗣子・次秀勝（信長五男）の領国であったが、天正十三年十二月十日に死去してしまっていた。秀吉はその遺領を小吉秀勝に与えたのであり、これにより秀勝が、有力一門衆となっていくことが予定されていたことがわかる。ちなみに小吉秀勝の実名について、この次秀勝の遺領を継承したのにともない、実名も継承したと理解されることが多いが、すでに指摘したように、小吉秀勝は、次秀勝の生前からその実名を名乗っているので、そうした理解は全くの誤りである。たまたま同じ実名を名乗っていたということで

【浅井茶々・江関係系図】

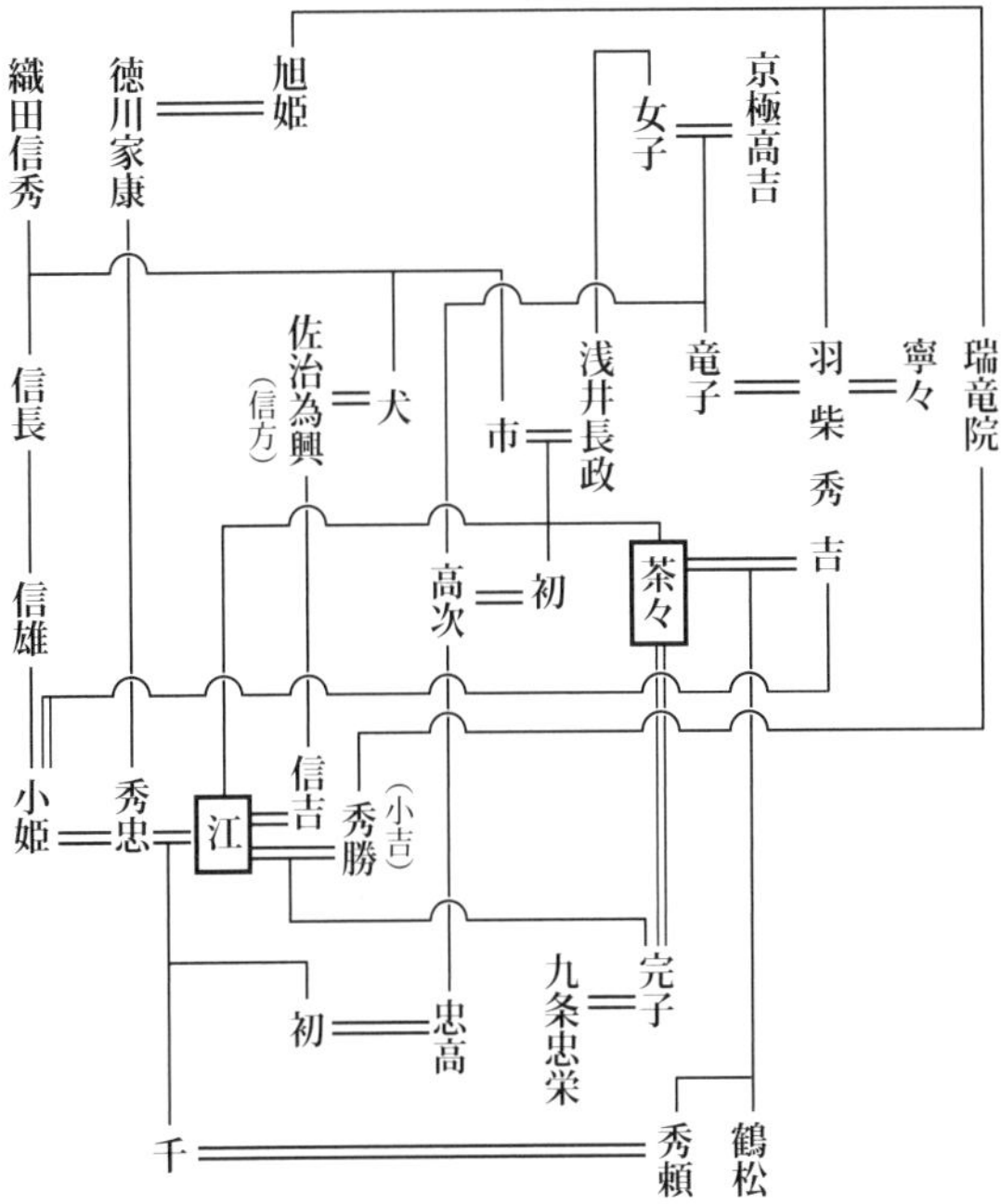
瑞竜院
寧々
羽柴秀吉
竜子
京極高吉
女子
浅井長政
市
旭姫
徳川家康
織田信秀
犬
佐治為興
（信方）
信長
茶々
初
高次
信雄
信吉
秀勝
（小吉）
江
秀忠
小姫
完子
九条忠栄
初
忠高
鶴松
秀頼
千

あった（以下、秀勝の事蹟については『羽柴を名乗った人々』による）。

しかし秀勝は、同十七年十月に越前敦賀《えちぜんつるが》領五万石への転封を命じられたことに不服を訴えたため、秀吉から勘当されて、亀山領を除封されてしまった。それでも直後の十一月には、美濃大柿領（五万六〇〇〇石か）を与えられて、領国大名として存続を認められている。同十八年には甲斐《かい》一国二二万石余を与えられて、国持大名に取り立てられているが、何らかの理由により、同十九年には美濃岐阜領一三万三〇〇〇石に転封されている。そして文禄《ぶんろく》元年（一五九二）三月に朝鮮に向けて出陣し、そのまま九月九日に戦陣で病没した。二十四歳であった。

江と秀勝の間には、娘・完子《さだこ》が生まれている。生年は判明していないが、文禄元年以前の生まれであることは確実になる。彼女はその後、江の姉・茶々のもとで養育され、茶々の猶子《ゆうし》とされて、慶長《けいちょう》九年（一六〇四）六月三日に摂関家の九条忠栄《くじょうただひで》（のち幸家、一五八六～一六六五）と結婚することになる。完子は長命で、万治《まんじ》元年（一六五八）八月十八日に死去している。没年齢は六十四歳を越えていたことは間違いない。

秀勝が死去したのち、江がどのような状態におかれたのかは判明していない。岐阜領は、文禄元年十二月に、織田秀信（もと三法師）に継承されている。秀信は、秀勝の家督を継承したとする所伝があるものの、当時の史料で確認できない。もしそうであったとしたら、江は前当主の後家として、事実上の家長として存在したことも想定されるが、そのような形跡はみられていない。以前は秀信は秀勝家を継承した可能性を想定していたが、そう考えることは難しいかもしれない。そうであれば秀勝家は絶家とされ、江とその娘・完子は、姉茶々のもとに引き取られた、とみるのが妥当のように思われる。ただし秀信が、秀勝の家格を継承したことは事実であった。この問題については、今後も引き続いて検討する必要があろう。

茶々は秀吉の別妻になる

次女初・三女江の結婚について述べてきたので、いよいよ長女茶々の結婚について述べることにしよう。茶々の動向としては、天正十一年（一五八三）八月に、姫路城に居住していた以降は、よくわかっていないが、その後に大坂城に移ったとみて間違いないであろう。そして次に動向が確認されるのは、それから三年後となる同十四年十月一日に、「茶々の御方」が、秀吉母の「大政所《おおまんどころ》」（天瑞院殿）を訪問していることである。これは藤田恒春氏（「大政所の居所と行動」藤井譲治編『織豊期主要人物居所集成』所収）によって指摘されたもので、その後、福田氏もその指摘を採用している。

ここにみえる「茶々の御方」は、それらが指摘するように、茶々のこととみてよいであろう。そしてそのうえで福田氏が指摘しているように、「御方」と敬称が付されているので、この時には茶々は、秀吉の別妻になっていたと考えられるであろう。すなわち茶々は、この天正十四年十月までに、秀吉と結婚したと考えられる。「渓心院文」では、茶々は、秀吉の求婚に対し、妹の結婚を差配してくれたら結婚する、と答えていた。これまで述べてきたように、天正十二年に長妹の初が京極高次と結婚し、同十三年十月に次妹の江が羽柴秀勝と結婚した。そうすると茶々は、それらをうけて、秀吉と結婚した、と考えられるであろう。

秀吉の正妻は、木下寧々（高台院《こうだいいん》）であった。福田氏は秀吉の別妻には、茶々・松の丸殿・三の丸殿（織田信長娘、?～一六〇三か）・加賀殿《かがどの》（前田利家娘、一五七二～一六〇三）の、少なくとも四人がいたことを指摘している（『淀殿《よどどの》』）。茶々以外の人物で、秀吉の別妻となっていたことが確認できる時期は、松の丸殿が天正十八年三月、加賀殿が同年七月、という具合であり（桑田忠親前掲書）、史料の残存状況により、必ずしも早い時期から確認されているわけではない。ただし松の丸殿については、天正十二年に兄高次が秀吉の直臣に取り立てられたのは、松の丸殿が秀吉の別妻になっていたことにともなう、と考えられている。この推測は妥当性が高いとみなされるので、その頃には秀吉の別妻になっていたとみてよいであろう。また加賀殿については、同十四年五月に初めて上洛していることが確認されており、秀吉の別妻になったのはその直後のこととみなされる。

そうすると、茶々が秀吉と結婚した時期には、すでに松の丸殿が、あるいは加賀殿も、秀吉の別妻として存在していた可能性が高くなる。もっとも秀吉が茶々に求婚したのは、それらよりも早く、北庄城から退去したのち、おそらく茶々が秀吉に同行して姫路城に移る頃のことであったと思われる。しかし茶々は、これまで述べてきたように、妹たちの結婚の取り計らいを要請し、それを優先させており、それが遂げられたうえで秀吉と結婚したのであった。そのため松の丸殿たちよりも、秀吉との結婚時期が遅くなってしまったのであった。

しかし茶々の存在は、その他の別妻とは異なり、格別なものであったとみなされる。それがすなわち、妊娠である。茶々は、天正十六年十月には妊娠しており、それにともなって秀吉の差配によって、摂津茨木城《いばらき》（茨木市）に移っている。それまで茶々は、秀吉の京都での本拠・聚楽第《じゅらくてい》が完成すると、正妻の木下寧々らとともに、同所に移住していた。それが妊娠にともなって、茨木城に移ったのである。それは茶々の出産を、淀城でおこなうことが予定されていて、同城の拡張工事が翌年初めから開始されるが、その工事完了までの措置としてであった。

しかも秀吉は、茶々を茨木城に移すことについて、正妻の木下寧々に差配を命じている。これは極めて重要な事実を示している。これにより茶々の妊娠は、寧々の承認のうえでのことであったこと、さらにはその子どもの出産についても、寧々の承認のうえでのことであった、ということが認識されるのである。正妻は、別妻や妾の承認、さらにはその子どもの出生について承認する権限を有していたと考えられる（拙著『武田信玄の妻、三条殿』『家康の正妻　築山殿』）。このことを踏まえれば、茶々が秀吉の別妻になること、そして秀吉の子を妊娠すること、さらにその子どもを出産すること、すべて寧々の承認があったからこそ実現された、と考えられるのである。

そしてここで考えるべきことは、秀吉は数多くの別妻と妾をもっていたにもかかわらず、なぜ茶々だけが子どもを産んでいるのか、ということである。それは寧々に視点を据えて考えてみると、寧々は、茶々にだけ子どもを産むことを承認した、と考えることができる。これまで茶々しか秀吉の子どもを産んでいないことから、秀吉には子どもをつくる能力が乏しいと考えられてきた。それゆえに茶々だけが子どもを産んでいることについて、本当に秀吉の子どもかどうか、という疑惑の目を向けることもみられていた。しかしそれらの考えは、正妻の承認権を見過ごしたものになる。徳川家康の次男秀康や、徳川秀忠の四男保科《ほしな》正之《まさゆき》が、当初、子どもとして認知されていなかったが、それは正妻の承認をえての誕生ではなかったことによる。それだけ正妻の承認権は強かったとみなされる。茶々の場合についていえば、寧々は茶々にのみ、秀吉の子どもを産むことを認めた、と考えるべきなのである。

ではなぜ、茶々だけが秀吉の子どもを産むことを認められたのか。それは茶々が、織田家一族の立場にあったことによると考えられる。秀吉の養嗣子は、信長実子の次秀勝であった。そのことは羽柴家の後継者は、織田家の血筋を引く必要があることを示していた。しかし次秀勝は、同十三年十二月に病死してしまった。秀吉はその前年に、寧々の甥にあたる秀俊を養子に迎えていて、秀勝死去後は、秀吉後継者の立場に擬せられていた。そうしたなかで寧々は、茶々の妊娠を承認したことになる。それは羽柴政権が、織田政権を組み替えて成立したものであり、政権を構成する有力大名は、織田家一族とその旧臣によって占められていたことが関係しよう。彼等への優位性を確保するには、羽柴家の後継者は、織田家の血筋を引くことが必要と認識されていたのであろう。

茶々が秀吉の別妻になった時点で、すでに松の丸殿、さらには加賀殿が別妻になっていたことが想定された。しかし寧々は、彼女たちには秀吉の子どもを産むことを承認しなかったことになる。秀吉の嫡男の母方の実家となれば、政権内で大きな影響力を持つことになろう。京極家や前田家をその立場におくことは、それらが他の大名家と同格でしかなかったから、適切ではないと考えられたのであろう。やはりそれは、織田家しか考えられなかったことであろう。それゆえに茶々にのみ、秀吉の子どもを産むことが認められたのだろうと考えられる。

茶々は、天正十七年五月二十七日に、秀吉の長男鶴松を産んだ。これにより茶々は、秀吉嫡男の生母として、「御袋様」と尊称されることになり、正妻の寧々に次ぐ地位を確立させる。鶴松は残念ながら、同十九年八月五日にわずか三歳で病死してしまうが、茶々の地位が変わることはなかった。そしてそれから二年後の文禄二年（一五九三）八月三日に、茶々は秀吉次男の秀頼を産んだ。ここからも寧々が、秀吉の子どもを産むことを茶々だけに認めていたことが認識されよう。そしてこの秀頼が、その後は秀吉の後継者として存在していき、秀吉の死後にその家督を継ぐことになる。こうして茶々は、秀吉嫡男の生母としての地位を、再び確立させるのであった。

江と徳川秀忠の結婚

江は、文禄元年（一五九二）九月に、羽柴秀勝と死別したのちは、姉茶々のもとで暮らしていたことであろう。その茶々が、同二年八月に秀頼を産んで、再び秀吉嫡男の生母となったことで、江の立場にも変化が生じることになった、と考えられる。秀吉嫡男の叔母という立場になったからである。その時に江は、まだ二十一歳にすぎなかったから、再婚は十分にありえた。秀吉は、江を数少ない親族として扱うこととしたことであろう。そして同四年七月に、羽柴家を継承していた秀次が、謀叛《むほん》事件によって自害し、秀頼は明確に秀吉の後継者に位置付けられたことで、江の存在は、さらに重視されたことであろう。

そうして江は、同年九月十七日に、徳川家康の嫡男秀忠（一五七九〜一六三二）と再婚した。ただし結婚の日付については、当時の史料で確認することはできず、その所伝は江戸時代成立の「柳営婦女伝系」などの史料によっている。他に有力な所伝はみられていないことから、これまでの研究でも、この所伝は信用されている。この時、江は二十三歳であった。かたや夫の徳川秀忠は十七歳であった。結婚は、当時、秀吉が在城していた伏見《ふしみ》城から、城下の徳川屋敷に赴くかたちでおこなわれたと考えられている。

しかも結婚に際して、江は秀吉の養女となったとみなされている。ただしこれについても、「柳営婦女伝系」「玉輿記」などの江戸時代成立の史料に記されているにすぎず、当時の史料では確認されない。しかもそれらの史料では、羽柴秀勝との結婚の際に秀吉の養女となったと記している。さらにその死別後は、秀吉養女として九条道房《みちふさ》（忠栄の子）と結婚したと記しているが、これは娘の完子との混同による明確な誤りである。したがってそれらの記載を、どこまで信用できるかは容易に判断できない。ちなみに福田氏は、秀忠との結婚に際して秀吉養女となったことは認めながらも、正妻の木下寧々とは、その後の寧々と江の関係の在り方から、養子縁組はしていなかったことを想定している。これについては妥当と考えられる。

江が秀吉の養女となったのかどうかは、ただちには判断できないが、夫の秀忠は、それ以前に、秀吉養女の小姫《おひめ》（織田信雄の娘、一五八五〜九一）と結婚していたことからすると、同じく秀吉の養女とされた可能性は高いであろう。秀忠は、いまだ元服前の幼名長丸《ちょうまる》を称していた天正十八年（一五九〇）正月に上洛して、初めて秀吉に出仕し、秀吉から家康嫡男の立場を認められ、同時に秀吉養女の小姫と結婚した。そして同年十二月に元服して、従四位下《じゅしいのげ》・侍従《じじゅう》に叙位・任官されて、羽柴名字・豊臣姓を与えられ、有力大名の一員とされている。秀忠はまだ十二歳でしかなかった。

当時、侍従の官職は、有力大名のみに認められていたもので、領国大名のほかは、秀吉の一門衆および織田家一族や姻戚関係にあった親類衆にのみ認められたものであった。しかも当主でなく嫡男の段階で侍従の官職を与えられたのは、ほぼ一門衆・親類衆に限られていた。父の家康は、その直前の時期まで、秀吉の妹旭姫《あさひひめ》（南明院殿《なんみょういんでん》）を妻にしていて、秀吉の義弟にあたり、親類衆の筆頭として存在していたが、秀忠の最初の上洛の時に旭姫は死去していた。したがってその嫡男秀忠と秀吉養女の結婚は、羽柴家と徳川家の婚姻関係を維持するためのものであった。しかし秀忠妻の小姫は、翌年に死去してしまい、それによって両家の婚姻関係は断絶してしまった。

秀吉としては、一族と秀忠との婚姻を考えていたことであろう。そうしたところに江が羽柴秀勝と死別して、未亡人になったことは、秀吉にとって恰好のことと考えたに違いない。江と秀忠の結婚は、それから三年後におこなわれるが、そのような状況からすると、結婚の話は早くからみられていたかもしれない。とくに文禄二年に秀頼が誕生してからは、そのことが検討されるようになったのではなかろうか。そして何らかの事情により（例えば秀勝の三周忌を待ってなど)、結婚は同四年九月におこなわれたのかもしれない。ちょうどその直前に、秀次事件が生じているが、江と秀忠の結婚は、それとは関係なく予定通りとしておこなわれたと思われる。

しかし秀次事件によって秀頼が明確に秀吉嫡男の立場になったことで、この江と秀忠の結婚は、その後の羽柴政権の在り方に大きな意味をもったことは間違いない。将来、羽柴家の家督を継ぐ秀頼の、血縁者の婿に、すなわち叔父として徳川秀忠が位置することになったからである。秀次事件ののち、秀吉の一門衆としては養子の小早川秀秋が存在するだけになっていた。そのため徳川家の存在が、領国大名の筆頭にして親類衆筆頭として、ますます重きを増すようになっていた。そのうえで秀忠が秀頼の叔母婿となって、もっとも近い姻戚関係に位置することになったのである。江と秀忠の結婚は、徳川家が、秀頼を支える存在となることを、決定付けるものとなったとみなされる。

この江と徳川秀忠の結婚によって、お市の方の三人の娘たちの処世のかたちが決まることになった。三人とも、織田家一族に相応しく、しかも羽柴政権の中枢を担うものとして存在するものとなった。年少の娘たちと離れることを選択したお市の方であったが、それら三人の娘たちの行く末は気にかけたことであろう。こうして無事に処世の在り方が決まったことを知れば、きっと安心したに違いない。こののち三人の娘たちは、茶々は羽柴家を担い、江は徳川家を担い、そして初は両者を支え、また両者の間を取り持つなど、政治史の中枢に位置し続けることになる。しかしその動向の把握は、本書の役割を超えている。三人の娘たちの処世の在り方が決まったところで、本書を終えることにしたい。

一　「渓心院文」（国立公文書館内閣文庫所蔵）

季君様御袋さま方の御やうす、いつそやあらましはさか〔きカ〕せ候談候へとも、御おほゑなく候まゝかきつけ申せのよし、しか々の御事ニは御さ候、まし々候へとも、おほしうまへそんし出し次第ニ書付申候、

一、しやう高院様の御事よりかき出し候ハねハ、京極の御家之事も具に申かたく候まゝ、

一、しやう高院様はあさ井殿〔脱有り〕とのさまニて御さ候、御ふたり〔くろ〕さまハのふ長さまの御いと〔も脱カ〕こニて、ひめさま御いちさまと申、あさ井さまは京極の御けらいにて候へとも、京極さま御いとけなふして御身なしこと成まいらせられ候時、あふみ国のこらすあさゐさま御りやうにて、京極さまハ御ちんしゆのことく御もてなし、馬のかいれう

はかり進上おかれ候ゆへに、京極さい相様わつか六万石にて大津御城に御さなされ候、あさいさまに御ひめさま御三かたハ、大さかの御ふくろさま・しやう高院さま・大御台様にて御さ候、まんふくさまとて若子さま御さ候は、あさゐ殿をのふ長様より御つふしのとき、あさい殿御同事に御こしおいとの御こと、御いちさまと御ひめさま御三かたハ、のふ長様のおちこさまの御かたへ御のけなされ候よし、其後のふ長さま御やつかひにて御座候、御ひめさまかたとなたも御ちのみ子さま、大御台様ニは御うふ屋のうちのよし、御いちさまをしはた殿ニ御やりなし、御ひめさま御三方も御同道あそハされ候而、又しはた殿をはしはちくせんの守殿御つふしなされ候、しはた殿くつれ候は、御ひめさま御十三〔五〕・御十一〔三〕・御九〔十一〕つのよし、しはた殿御中ニは、御いちさまに御ひめさまかた御同道ニて御出なされ候へと、たつて御中候へとも、御いちさま仰には、あさい殿時分出させられさへ御くやしく候に、何とて御出あるへきや、しはた殿御一所との御事ニ而、御ひめさまかたハ御出しなされかし、ちくせん守殿ハのふ長公御かうおんの御人にて候間、あしくハめさるましく候まゝ、ちくせん守殿へ御たのみなされ候半とて、御いちさま御ちひつニて御書を御そへなされし、御ひめさま御かたを御こし壱つニ御めさせまし、女中のこらすはう々々にて御供いたし候へとも、初て御三ノ間まて御おくりあそはし候、ことの外御うつくしく御とし頃より御若ニ御廿二、三にもみへさせられ候との事、てきのちんはえもおくさまかた御出とて、はつとひらき、御こし女中をとおし申候との事、御いちさまハしはた殿御一所ニ御おはり被成との事、御ともの女中二、三人との事、

一、御ひめさまかたハはしは殿御うけとりまゝ御ひそうニて、御あねさまへ御使ニて御一所にならせられ候様ニとの御事ニ候へ共、十三〔五〕にても御ちへよく御内せう無さたのやうす御きゝおよひも御座候ゆへ、御返事ニ、か様に御おやさまなしニ成まいらせられ、御たのみ被成候へハ、如何様とも御さしつしたひなら、まつ御いもとさまかたを御ありつけまし給り候へ、そのうへニて御ぬしさまの御事ハともかくもと仰られ候を、御よろこひいそきしやう高院さまハ御すちめも御さ〔候脱〕ゆへ、京極さいしやうさまへ御やりまし〔すカ〕まいらせ候、さい相さまの御ふくろさまハあさい殿御きやうたひゆへ、御いとことちにて候事、大御台さま御事ハくとく申ニおよハす候、

一、しやう高院さま御なくさみなからに、さい相さま御めいこさまゆへに、きくてい高しゆ院さまをこなひめさまとて、御やう子に御出生より御やういくにて、若さの守さまとは御きやうたひにて、ゑとへ御下かうニはしやう高院さまハこなさまを御

つれまし、御登城あそはし候て、御めみへもあそはさせられ候事、御子さまゆへに三国《〔百〕》石の御しゆ印も仰うけられ候て、さきのきくて《〔い脱〕》さまかみさまニ候御さ被成候事、御しうけんハ大さか御ふくろさまより御したてニて、おひたゝしくけつかう成御よめ入のよし、

一、しやう高院さま御子京極わかさの守殿ハ、たいとく院さま御むこさまにて、大ゆふ院さま御ためニは御あねむこ殿ニて候事、わかさ御せんさまと申候、此御せんさまハ大御台さま御身ニならせられ候内、天しゆ院さまいつれニて大さかへ御こし入にいらせられ候時、御心もとなくおほしめされとて、大坂へ大御台さま御おくりましとてなしまいらせられ候、したひに御月の御かさ《〔ね脱カ〕》候て御座候被成候ゆへ、ゐとへくわん御もいかゝとて、ふしみの御殿ニて御たんじやうあそはされ候ゆへ、わかさの御せんさまハ五かうのみや御うふすなニて御さ候、御くわいたいの内しやう高院さま御やくそくにて、ひめ君さま御三かたのうへに此たひもひめ君さまニてならせられ候ハヽ、ゐとへの御きふも御さなき御事ニて候まゝ、御もらひまし被成候半との御事ニ候へは、ひめ君さまニてならせれ《〔るカ〕》ゆへ、御うふやよりしやう高院さま御子さまニなしまいらせられ候、しやう高院さまを御かゝさま、わかさの守さまを御あ

にさまと仰られ、御せい長あそはされ候て、若さの守さま御一所になしまいらせられ候事、御せんさま御たんしやうの時うの御としゆへ、御ましない候て、明年ハ若君さま御たんしやうのやうに御祝候而、御名をたつちよさまと御つけましあそハされ候へハ、大御台さまくわん御ならせられ候明たつのとし、大ゆふ院さま御たんしやうならせられ候ゆへ、たいとく院さまことのほか御きけんニて、若さ御せんさま御たいせつに覚しめさせられ候との事、わかさの守さま御しうけん以後、御せんさま両と御たんしやうあそはされ候へとも、かいなく御子さまうせまいらせ〔ら脱カ〕れ候、その御地久々の御わつらひニて、ゐとニて御せいきよ、小いし川に御しるしも御さ候、めうかのためニてしんしゆ院より御水むけニてあけ申され候ゆへ、今にわたくしもその通ニ勤申候、とうさの御とふらひハ上よりあそはされ候、その、ちハ若さの守さまよりあそはし候、きやうふさま・備中守さま御代ニハ五十ねんまてけつかうに御ほうしあそはされ候事、

一、若さの守さま御なん子御さなく、大ゆふ院さまニもたひ々々御ちうせつの御かたとて、御念頃なる御たつねニて御座候へとも、御子御さなく候ゆへ、いつもの国上りまいらせ候、さい相さま御めうしのためとて、きやふさまへはりまたつ野にて六

万石被遣候事、若さの守さま御存命ニ御子にあそはしおかれ候へハ、いつもの国そういなく被遣候に、御ふし合ニて候事、其時分の大ゆふ院さま御念比にたん々の御様子ハ、筆につくしかたき御事、せひにおよハせられぬとて、いつもの国めし上られ候、これハわたくしもよく覚候事、きやう部さまハさい相さま御ま子、わかさの守さまおいこさまニて、

一、京極さい相さま・わかさの守さまの御当家への御ちうせつハおひたゝしき御事候、せきかはらの時ハ大津の城ハへい下地はかりニ成しをもちこたへなされ候、内かたニてしやう高院さまか大しやうニて女中日夜玉を御いさせ候て御出しのよし、

一、大坂御とり合の時分、冬の御ちんニしやう高院さま御あつかいあそはされ候、惣ほりのやうす天下かくれもこれなき事、御あつかいの御使にくん中をあみかさニてかよひ申ものハ、しんしゆ院てゝおやかし〔わ〕さき六郎左衛門と申ものニて、明のとし大坂落城ニハ、しやう高院さまニも御城内ニ御取〔座〕なされ候を、川崎六郎左衛門御ともつかまつり、御ついちをはねこし、女中ハ十四人ニて御ともいたしなし候へく候事、大さかニて若さの守さま御はたらきかくれこれなき御ちうせつニて、〔脱有カ〕さつまより御せんさま御せいきよ以後とても、大かたならす大ゆふ院様御念頃に思召させら

れ候との御事、
〔一、脱カ〕大御台さま御たかひの時分御そうれいのおりふしハ、わかささま御いと〔は〕いもりまうまいらせられ候、御さたのなからそう上、両のはうしやうこう御ねり何ともめいわくと御座候ニ付、御おいさまと申御むこさまとて、若さの守さまに御いはい御とりましの事、

一、御こなさまたひ々々御たんしやう御さ候へとも、御そたて御座なく、当内府様を御やう子ニあそハし候て、さてきやう部さまハおいこさまゆへ、高林院さまを御もらひましとのさまニ御けいやう〔くカ〕ニ而、内府様御一所ニあそはし候て、御ちきやうゆつりまいらせられ度とて、御ゆいけんに川さきかたへ仰おかれ候へとも、ぬし一ふんニてしせんとゝこおりてハ御たいせつの事とて、天しゆ院さまへ申上られ、御なしみの御こなひめ御あとの事に御さ候へは、御意そへられ候様ニと申あけ候て、さか井さぬきの守殿へたん々々申たつし申され候へハ、よく々々何も御そんしとて御とりもち、けんゆふ院さま御みゝニたつしられ、さつそく御しゆ印御ゆつりに成まいらせ候、高しゆ院さま御ゆい物もしゆひよく川さき御取つきニて、しやう高院さま御すちめよくおさまら〔りカ〕まいらせ候事、

一、高林院さま御ねかひの時分に、何かの様子御城より御たつねニ付、おほしのたん々々しんしゆ院より申上候へく候、御ゆい物おさまり御ちきやうもしゆひよく、大なこんさまへ御ねかひのことくニて、此たひハしんしゆ院ハいんきよゆへに、おもてむきよりきら殿なと御とりつきにてすみ申候事、しんしゆ院ハたん々々を御内せうへ申上候までの事、

一、きやう部さまの御おやさまハしゆめさまと申、若さ守殿御おと、こさまニて、しやう高院さま御子ニあそはして御上らくにも御つれまし、京へ御被成され、京ニてたいとく院さま・大ゆふ院さまも御め見へあそハさせられ候事、しやう高院さま御心やすく御いとほ〔し脱〕かりましまいらせ、ふたん御そはニつめさせられ、御夜なかの御しやうはんまてあそはし候由にて、しんしゆ院ちのみ子より、しやう高院さま御そはニて御ふひんかりまいらせられ、夜の御とこにふせり申ていゆへ、しゆめさまもいらせられ候て、御とかハゆ〔かカ〕より御ひさニのみおかせられ候事、はなしにたひ々々申出され候、しゆめさまおくさまハ高しゆ院さま御いもとこさまニて御さ候、

一、しやう高院さま御ほたい心ふかく御座被成され候ゆへ、わかさにしやう高寺を御こんりうあそハされ候、ふしんはしめおハり川さき六郎左衛門ニ仰付候〔ら〕れ候て、御

心にかない候様ニとつとめ申事、しやう高院さま御せいきよはゐとにて御さ候へとも、つね々々仰おかれ、わかさへなしまいらせられ、しやう高寺ニて御そうれい御座候事、其時分わたくしハ四さいはかりニ御さ候へとも、はゝ申にて、御よめ〔い脱カ〕りなとのけい〔つ〕かうなるもいかほともすへかけて見申まいらせ候、わらへなからせうねらしく候へハ、御そうれいのけつかう成おかませ、のちのおもひニとておかませ申候、しんしゆ院あいこしニておかみ申候事、よくおほゐまいらせ候、申ニ申されぬけつかう成事共、わかさの守さま御供あそハされ、きやう部さま御ま子さまゆへ御いはいもりましまいらせられ候、こなひめさましゆこしニて御ともあそハし候、御つき々々々もしゆこしニて十二てうの御ともニて、その衆ハ御火屋のわきニならひたち申候、外のおかみ衆少たかき所ニ居申候、御くわんハ八方かんニて光かゝやき申候、御くわんに御火かゝり、しんしゆ院はなみたニくれ申され候、わたくしハひたすらになかめ居申候事、

一、しやう高院さまあふみ御ちきやうハ、大坂より進せられ候よし、御当家よりもかハらすの御しゆ印ニて、此内をわかさしやう高寺に三百石の御しゆ印、こなひめさまニ三百石の御しゆ印、のこりハ若さの守さまより御しはいニて御つき々々々のひ

くに衆ニそれ〻〻御ちきやう下されハ、いまにあいかはらす代〻つとめられ候、け
つかう成御事ニて、御すちめゆへ、しやう高寺へもひくに衆へもかハらすしんしゆ
院通し御座候ニ付、わたくしニいたるまて同しくニ御さ候、
一、しやう高院さま御ためには、季君さまハ御ひ丶こさまニて御さなされ候、
きくていさまの御いへを申候へハ、御ひこさまニて御さなされ候、
一、こなひめさまにもしんしゆ院ハ御いもとの御事のやうニ、やうせうより御ふひん
かり候て、御なしみゆへニ御ゆひけんニまて仰置れ候、しんしゆ院あね一人はこな
ひめさまニ一たひ御子ニあそはされ候へとも、しやう高院さま御心にかなひ申ニ、
御心やすき御めし使まれニ御さ候とて、御そハへめしまいられ候、御せいきよまて
御ほうかう申上候てハ申、御せいきよのちこなひめさまより京へのほせ候へハ、御
くけへ被遣、御たよりにもと仰ニて御さ候へとも、て丶おや申候ハ、むまハむまつ
れうしハうしつれニてよく御さ候、御くけをむこにとりはいつくまい申候事、あら
むつかしやとて、わかさ御かちうへありつけ申候か、いつもくつれにろう人いたし
候を、まつ平出羽守殿すくにめし出され、唯今ハ子ニ成り候てか丶り、いまたなか
らへ居申候事、

一、こなひめさま御きやう弟ハ、一かたハ若さの守殿ニてかくれもなきかうのもの、御かろうのあか尾いつの守と申人のよめこにつかハされ候、あかを折殿と申おくさまニて、此ハ五もしをしんしゆ院おと丶よめにもらひまいらせ候、此よめ子のために御城に居申候、おつれハま子ニて御さ候事、こなひめさまたん々々御すちめ御さ候事、

一、こな姫さま御ち丶ハうちへ〔い脱〕内せん殿と申候て、何万石か御取候城主ニて、ちふのせうかた御くみなされ候て御身上つふれ申候ゆへ、若さの守さま御ためにはおはさまゆへ、御ふうふ御子たち御はこくみおかれ候へハ、如何覚し候や、大坂へ御かけこみゆへ、御なんしのふん、御一人ものこらす御せつふくニて、あたこのかうちく寺殿ハなんこう坊の御てらに御かつしきニて御さ候ゆへ、御わひなんこう坊さま仰られて、御なからへ御さ候事、御女子ハいつれもわかさの守さま御やつかひニてかなたこなたと御ありつきにて、むらくもめうほうさまハ御道心ニて御心から御しゆつけにて候事、

一、右あさいさまからしはた殿の事なとハ、しんしゆ院おはたち大さかにもしやう高院御そはにも居申、かた々々のはなしともにて承りおほへ申候事、わたくしせかれ

の時分、ことの外としふけニてあけくれ、むかしはなしニ申候、
一、のふ長さまの事なとハ、しんしゅ院大おは、おハりの国かにへの城主わたなへ与二殿と中人の内方ニて、のちはおちふれ、しんしゅ院て、おやにかゝり居申され候、久しき事ともとハすかたりおほへ申候事、
一、しやう高院様いかゝの御事ニて、川さき六郎左衛門御そはまてめしよせられ、御心やすく大事の御使まて仰付られ候事、とおほしめし候ハん間申候、
一、河さき六郎左衛門は、のふ長様五はんめの御ほ〔お〕とゝ子おハりの国かつらの城主ために末子ニて、かつら城主の子そく同国のせんのふ寺城主川さきうちへむこいせきニまいり、川さき新太郎と申人の子ゆへ、川崎六郎左衛門と申候、こんはおたうちニて御さ候へとも、やう子のいへ川さきニて御さ候ゆへ、なのり申候、のふ長公以後ほつらくニ而るろういたしおり申候をきこしめし候て、大さかの御ふくろさまとしやう高院さまより御たつねあそハされ、むかし御城主なからひにんのことくおとろへ居申候ゆへ、大さかハはれかましく候儘、ますしやう高院さま御めくみあそはされ候へとて、わかさへまいり、おのつからしやう高院さまうしろみのことく、御用諸給り居申候ゆへニて、ことものこらす生出らへハ、御そハへめしよせられ候

て、御そたてあそはされ候、それ々々にありつき御めくみにて御さ候、しやう高院さま御すちめの様子、御としよりニしん大夫殿と中人ニ、けんゆふ院さま御たんしやうの時分、かすか殿御用ニてこゝもとへくたりまいらせ候ニ、御ちの人を御たつねニて、身もとよく子ともあまたあり候て、ふうふ居申候、ふたおやもち申候との、廿一より卅までと御せんきニ付、しんしゆ院事両おや御さ候て、ふうふ無事ニて子九人御さ候て、とし廿九ニて御さ候ゆへ、かすか殿へたん々々御はなしにて候、せいた井院さま御つほね御取もちにて、いそく〔きカ〕くたり候へとて夜を日にくたり申され候、

大ゆふ院さま御覧あそハされ候て、御くけ・御もんせき・天下しよ大みやうハはれかましき若君さまニて候に、あふみ殿とせい高さ一尺内とちかひ申候、何ほと見くるしく候ハんとの御事にて、御ちの人もそんしくたり候へもなり不申ニ付、しんるいともせひ御ほうかうひき候へと申候へとも、しんしゆ院申され候ハ、御城へふと入、

若君さまへ御めみへ申上候へハ、出申時ハよくニてか、御ゑんニてかや御たいせつニそんし、もはや御城さかり申候事成るましく候、くわいふんくるしからすとて居

申候され候、御ゐんニて御ちゝ壱人のをめし上られ候ニ付、大ゆふ院さまより君若さま御三ツ御六ツ御申、にしの御丸へ御わたしましまてにハ、としより衆御使ニて、たひ々々の上意のめし出し申時ハ、御ちの人ニて覚しめされ候へとも、其時分のしゆひちかひ、いまもつ而御残多おほしめされ候、さりなから御ちゝをあけしんひやうりちきに御ほうかう申上候まゝ、すへ々々あしくハあそハされましく候、せつかく御ほうかういたし候へとの上意にて、せかれ両人一とニめし出され、むすめ一人ハほうしゆ院ニ御ありつけなされ候様ニとの上意、一人ハいまたやうせうニ候まゝ、一両ねんまつ大なこんさま御ときいたさせ候へと、たん々々ありかたき上意ニて、右のたひ々々三と川さきへも御かそうなし下され候事、しんしゆ院御ほうかうニくたり申候時分ハ、ゐいせう院さま御城ニ計つめまいらせられ候ゆへ、しんしゆ院事ことの外御ねん比ニて御さ候、

大ゆふ院様御心さまの御やうすも、よくうかゝいおよひ申候ゆへニ、其御所さまの御事を御たいせつニそんし候て、に合の御ほうかうも申上たきとしんしゆ院そんし申され候、そのかいもなく候て、けつく何とやらんふしゆひのさハりとも御さ候て、大かたなくめいわくかり申されし事、何事も以の外のせかいニて御さ候へハ、せひ

なくそんし候ニ、わたくしへ御ふた所さまよりかたしけなき御ねんころの御事とも
ありかたく、しんしゆ院くさのかけニてもかたしけなくそんしられ候ハんと存候、
一、しやう高院さまハゑとへならせられ、又わかさへもならせられ、御心まゝにあそ
ハされ候事、ゑとニて御登城あそはされ候へは、御城衆も今日はしやう高院御登城
とて、ことの外御はちらいの事、御むめりかた御はなしにて、御きやうきうやハこ
とのしりにて御さ候事、それゆへ御しろニても御はれかましきと、御こさまニ御と
なへ御さ候事、
一、さきのきくていさま御てんそうもちまいらせられ候て、大かたならす大ゆふ院さ
ま御心にかないなされ候て、いつまてもてんそうもちまいらせられ候やうニとおほ
しめされ候ゆへニ、御くわんいもこゝニて申いらせられ、御ほいなき御事なから、
御いへにつき申候御くわんゐゆへ御おくりこう候て、けつかうなる事ニ御さ候、
一、としよりて、たゝ今の事ハものハすれいたし候て、てにもち申物おもたつね申候
ニ、としよりのくせとして久しき事ハまハらにおほへ申候、としのうへニての
ひゝしきもいかゝと、まついそかハしきニ書付進しまいらせ候、また何にても御
たつね下されへく、あとやさき下かきもなしニ、そんし出し次第ニかき付申候まゝ、

わけみへ申ましきとそんし候、文字ハふ得てニて御さ候ニ、そもしさまかなの御このみ一しほにて、すいふんいろハてと、のへまいらせ候事ニて、しんしゆ院ハいろ々々の事おほへ候て、備中守さま御やしきへも、さる比書付て進し申され候事ニ候、い上、

みん部卿さま　　渓心院

〈現代語訳〉

季君様（菊亭伊季《きくていこれすえ》）の御袋様（京極高和娘《きょうごくたかかず》・高林院《こうりんいん》）の御様子について、先日だいたいのところを聞かせたけれども、御覚えでないので書き付けてほしいとのこと、もっともの事と思います。ぐずぐずしていたけれども、思い出せることを思い出し次第に書き付けます。

一、常高院《じょうこういん》様の御事から書き出さないと、京極の御家については詳しく述べがたいです。

一、常高院様（初）（の父親）は浅井殿様（長政）です。御袋様は（織田）信長様の御妹

【京極・菊亭家関係系図】

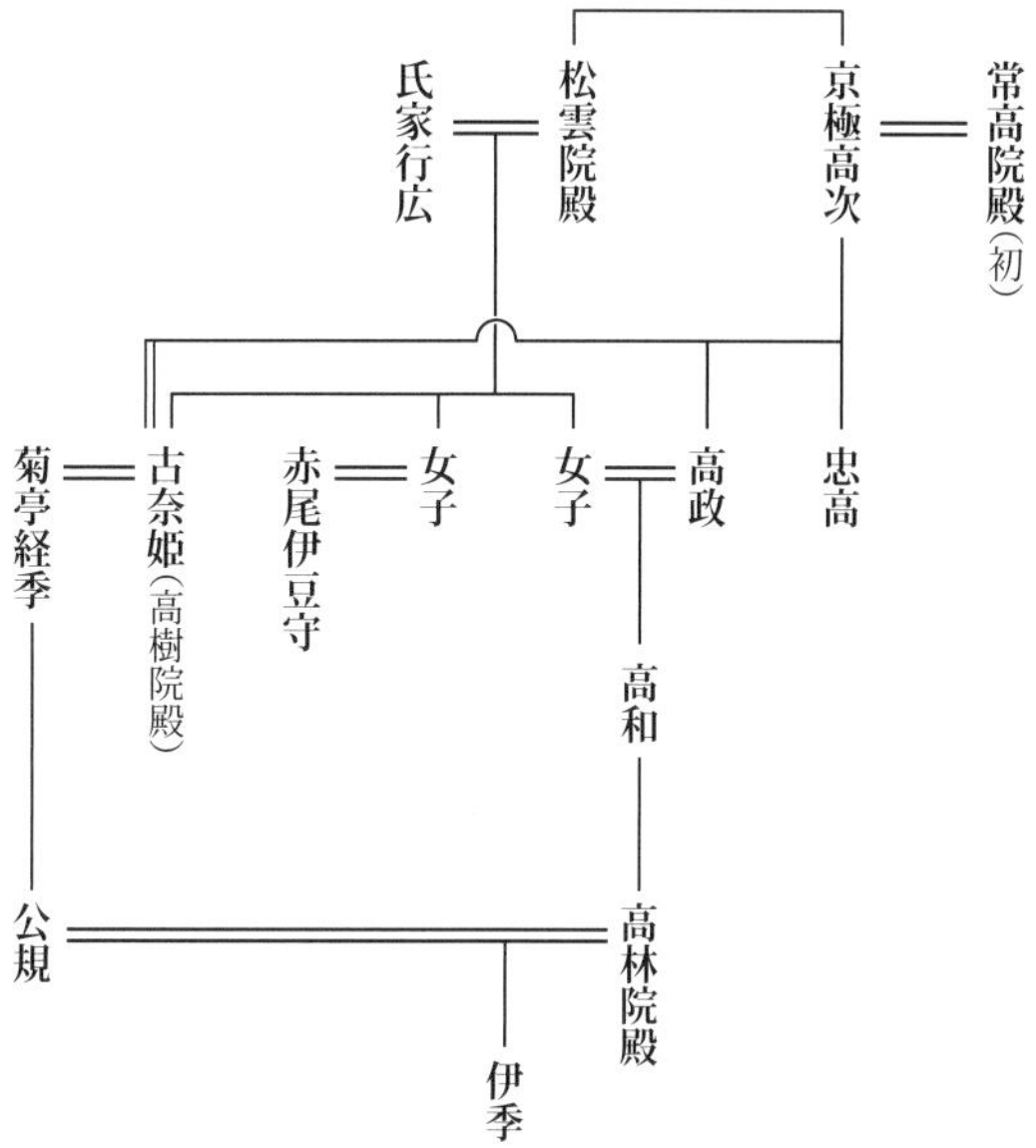
常高院殿(初)
京極高次
松雲院殿
氏家行広
忠高
高政
女子
女子
赤尾伊豆守
古奈姫(高樹院殿)
菊亭経季
高和
高林院殿
公規
伊季

で、その姫様は御市様といいます。浅井様は京極家の御家来でしたが、京極様が御幼くて御孤児と成られた時、近江国《おうみのくに》は残らず浅井様の御領になって、京極様は御鎮守のように御もてなされ、馬の飼料だけ進上される状態のため、京極宰相様（高《たか》次《つぐ》）はわずか六万石で大津御城に居られました。浅井様には御姫様が御三方おられ、大坂の御袋様（茶々《ちゃちゃ》）・常高院様・大御《おおみ》台《だい》様（江《ごう》）です。万福《まんぷく》様という若子様がおられましたが、浅井殿を信長様が御潰しの時に、浅井殿と同様に「御こしおい」とのことで、御市様と御姫様御三方は信長様の叔父御様（信次《のぶつぐ》）の御方へ御退けなされたとのことです。其《そ》の後信長様の御厄介になられました。御姫様方は何方も御乳飲み子で、大御台様は御産屋のうちにおられたとのことです。御市様を柴田《しばた》殿（勝《かつ》家《いえ》）に御遣りして、御姫様御三方も（柴田のもとに）御同道されて、又柴田殿を羽《は》柴筑前守《しばちくぜんのかみ》殿（秀吉）が御潰しなされました。柴田殿が崩れた時、御姫様は御十三・御十一・御九つであったとのことです。柴田殿が申されたことには、御市様に御姫様方を御同道して御出なさいと、強く申されましたが、御市様が仰るには、浅井殿（が滅び）の時に出されたことさえ御悔しいのに、どうして出ていくことができようか、柴田殿に御一所するとのことで、御姫様方は御出しなされた。筑前守殿は信長公から御厚恩をうけた御人であったので、悪いようにはなされないので、筑前守殿に（引き取りを）御頼みされようとして、御市様は御自筆で御書を御副えられて、御姫様方を御輿《おこし》壱つに御乗せして、女中を残らず方々で御供させたけれども、初めて御三ノ間まで（出て行って）御見送りされた。とても御美しく、御年頃よりも御若々しくて御二十二、三にも見えたとの事で、敵の陣場でも奥方様の御出といって、ぱっと開いて、御輿・女中を通させたとの事です。御市様は柴田殿と御一所に御終わりなされたとの事です。御供した女中は二、三人であったとの事です。

一、御姫様方は羽柴殿が御受け取りされたので、御大事にされて、御姉様（茶々）に御使を出して、御一所になっていただく様にという用件であったけれども、十三でしかなかったが御知恵が良く、（秀吉の）御考えは無沙汰の様子（急いでいない）であることをお聞きしていたため、（秀吉への）御返事には、このように御親様無しになってしまい、（秀吉を）御頼みにすることから、どのようなことでも（秀吉の）御指図次第なので、まず御妹様方を御有り付けいただきたい。そのうえで御主様（秀吉）との御事についてては何とでもいたしますと仰られたことについて、（秀吉は）御喜び、すぐに常高院様を、御筋目もあったので、京極宰相様に御遣りなされた。宰相様の御袋様は浅井殿の御きょうだいなので、（常高院と高次は）御いとこの関係です。大御台様については詳しくいう必要もありません。

一、常高院様は御慰みのため、宰相様の御姪子様であったため、菊亭高樹院《こうじゅいん》様は古奈《こな》姫《ひめ》様といって、御養子にして御出生から御養育して、若狭守《わかさのかみ》様（京極忠高《ただたか》）とは御きょうだいにして、江戸へ御下向する時は常高院様は古奈姫様を御連れして、御登城されて、（将軍に）御目見えもされたとのことです。（常高院の）御子様であったため（将軍から）三百石の御朱印（状）も御与えされて、先の菊亭様（経季《つねすえ》）の上様になされた。御祝言は大坂御袋様による御仕立てで、夥《おびただ》しく立派な御嫁入りであったとのことです。

一、常高院様の御子京極若狭守殿は、台徳院《たいとくいん》様（徳川秀忠《ひでただ》）の御婿様で、大猷院《だいゆういん》様（徳川家光《いえみつ》）にとっては御姉婿にあたりました。（忠高の妻は）若狭御前様といいました。この御前様を大御台様が御身ごもられていたなか、天樹院《てんじゅいん》様（徳川千《せん》）が遠くない将来に大坂に御輿入れされた時に、（江は千の結婚を）御心許無いと思われて、大坂へ（千を）大御台様が御送りされました。次第に御月が御重なられたため、江戸に還御するのもどうかとなって、伏見《ふしみ》の御殿で御誕生されたため、若狭の御前様は御香宮を御産土《うぶすな》にされました。御懐胎のうちから常高院様は（江と）御約束して、姫君様御三方の上にこの度も姫君様であったなら、江戸に御帰府されることのないまま、御貰いなされるとのことであったので、姫君様であったため、御産屋から常高院様の御子様になされました。常高院様を御母様、若狭守様を御兄様と仰られ、御成長されて、若狭守様と御一所になされました。御前様が御誕生の時は卯《う》の御年のため、御まじないがあって、明年には若君様が御誕生になると御祝して、御名を辰《たつ》千代《ちよ》様と御付けなされることにして、大御台様は還御なされた明くる辰の年、大猷院様が御誕生なされたため、台徳院様はとても御機嫌で、若狭御前様を御大切に思われたとの事です。若狭守様との御祝言以後、御前様は二度（子を）御産みなされたけれども、甲斐《かい》無く御子様は亡くなられました。その「御地」（後か）長く御煩いして、江戸で御逝去しました。小石川に御標しもおありになります。冥加のためとして真珠院《しんじゅいん》（渓心院《けいしんいん》母）から御水向けを上げられていたため、今でも私もその通りに勤めています。当座の御弔いは上（将軍家）によりおこなわれました。その後は若狭守様によりおこなわれました。刑部《ぎょうぶ》様（京極高和）・備中守《びっちゅうのかみ》様（京極高豊《たかとよ》）の御代まで五十年におよんで立派に御法事がおこなわれました。

一、若狭守様には御男子がなく、大猷院様も度々（忠高は）御忠節の御方ということで、御懇ろにお尋ねがあったけれども、御子がおられないため、出雲国《いずものくに》を返上されました。宰相様の御名字の（を続ける）ためとして、刑部様には播磨《はりま》竜野《たつの》で六万石を遣わされました。若狭守様が御存命のうちに御子がいられたならば、出雲国は相違無く遣わされましたが、御不仕合でした。其の頃は大猷院様は御懇ろに（してその）断乎な御様子は、筆に尽くし難いものでした。（忠高に子がなかったので）是非に及ばずとして、出雲国を召し上げられました。このことは私もよく覚えています。刑部様は宰相様の御孫で、若狭守様の甥子にあたります。

一、京極宰相様・若狭守様の御当家（徳川将軍家）への御忠節は夥しいものでした。関ヶ原の時は大津の城は塀下地だけになっても持ちこたえました。内方では常高院様が大将になって女中に日夜玉を御鋳させて御出しされたとのことです。

一、大坂御取り合の時は、冬の御陣で常高院様は御曖《あつか》い（仲裁）されました。惣堀の様子は天下に隠れ無い事でした。御曖いの御使で軍中を編み笠で通った者は、真珠院の父親川崎六郎左衛門（正利）という者で、明くる年の大坂落城では、常高院様も御城内に居られていたところ、川崎六郎左衛門が御供して、御築地を飛び越えて、女中十四人で御供して（脱出を）なされました。大坂で若狭守様の御働きは隠れ無き御忠節で、「さつま」から御前様御逝去以後も、並大抵でなく大猷院様は（忠高を）御懇ろに思われていました。

〔一、脱ヵ〕大御台様が御他界した時、御葬礼の時に、若狭〔守脱〕様は御位牌守を務められました。御命令であるものの奏上して、「両のはうしやうこう御ねり」はとても困るため、御甥様であり御婿様であるからとして、若狭守様に御位牌を御取りさせました。

一、御古奈様には度々（子の）御誕生があったけれども、御育ちなく、当内府様（菊亭公規《きんのり》）を御養子にされて、それから刑部様は甥子様であったため、高林院様（京極高和娘）を御貰いすると殿様（菊亭経季か）と御契約して、内府様と御一所にされて、御知行《ちぎょう》をお譲りされたいと、御遺言を川崎方（真珠院）に言い置かれたけれども、自分一人で（言い置かれて）もし滞ることがあっては御大切の事であるからとして、天樹院様に申し上げて、御馴染みの御古奈姫の御跡の事であるので、御意を添えていただきたいと申し上げて、（天樹院から）酒井《さかい》讃岐守《さぬきのかみ》殿（忠勝《ただかつ》）に事の次第を申し達されたので、（忠勝は）十分に何事も承知したと御取り持ちし、厳有院《げんゆういん》様（徳川家綱《いえつな》）の御耳に入れられ、すぐに御朱印（状）（が出されて）御譲りが成されました。高樹院様（古奈姫）の御遺物も首尾良く川崎が御取次して、常高院様の御筋目はうまく納まりました。

一、高林院様が（古奈姫の遺領処分などの件を）御願いされた時に、いろいろと事情を御城から御尋ねがあり、お考えの内容を真珠院から申し上げました。御遺物のことは納まり、御知行も首尾よく（決着し）、大納言《だいなごん》様（徳川家綱）に御願いするにあたっては、この度は真珠院は隠居にあるため、表向きは吉良《きら》殿（義冬《よしふゆ》か）などを御取次にして済ませました。真珠院は事の次第を御内証で申し上げただけです。

一、刑部様の御親様は主馬《しゅめ》様といい、若狭守殿の御弟様で、常高院様の御子であられて、御上洛（の際）にも御連れられ、京におられて、京で台徳院様・大猷院様に御目見えされました。常高院様は御心安く御愛おしがられ、普段は御側に詰めさせて、御夜長の御相伴までされたとのことで、真珠院は乳飲み子の時から常高院様の御側で御可愛がられて、夜の御床に伏せる有様であったため、主馬様もおられて、「御とかハゆより」（御可愛がり）御膝に置かれられていました。話に度々出ていました。主馬様の奥様は高樹院様の御妹です。

一、常高院様は御菩提心が深くあられたため、若狭に常高寺を御建立されました。普請の始終を川崎六郎左衛門に言いつけられて、（川崎は）御心に叶う様に努めました。常高院様の御逝去は江戸でしたが、常々言い置かれ、若狭で（葬儀を）行われ、常高寺で御葬礼をおこないました。其の時は私は四歳ばかりであったけれども、母が言うには、御嫁入りなど立派なものよりも、どれほど将来のために（なることかと）見させました。子どもながら分別のある方だったので、御葬礼の立派さを拝ませ、後の思い出になるとして拝ませました。（私は）真珠院越しに拝みました。よく覚えています。言うに言われぬ立派さで、若狭守様は御供され、刑部様は御孫様のため御位牌守をなされました。古奈姫様は朱輿で御供されました。御付きの人々も朱輿で十二丁の御供で、その人々は御火屋の脇に並び立ちました。外で拝んでいる人々は少し高い場所に居ました。御棺は八方棺で光輝いていました。御棺に御火がかかり、真珠院は涙にくれていました。私はひたすら眺めていました。

一、常高院様の近江《おうみ》の御知行は、大坂から進せられたもののことです。御当家からも変わらず御朱印（状）（が出され）て、此《こ》のなかから若狭常高寺に三百石の御朱印、古奈姫様に三百石の御朱印、残りは若狭守様の御支配により御付きの比丘尼衆《びくにしゅう》にそれぞれ御知行を下されたので、今でも変わらずに代々（供養を）勤めています。立派なことで御筋目のため、常高寺にも比丘尼衆にも変わらずに真珠院を通しているので、私にいたるまで同じようにしています。

一、常高院様にとっては、季君様は御ひひご（曽孫）様にあたられます。菊亭の御家で言えば、御ひご（孫）様にあたられます。

一、古奈姫様にとって真珠院は御妹の御事のように、幼少から御可愛がられて、御馴染みのため御遺言まで言い置かれました。真珠院の姉の一人は古奈姫様の一旦は御子になされたけれども、常高院様の御心に叶ったので、御心安くお召し使いなさろうと、御側に召しました。御逝去まで御奉公申し上げたといい、御逝去の後古奈姫様により京に上らせたので、御公家へ遣わされ、御頼りなさいと仰っていたけれども、父親が言うには、馬は馬づれで牛は牛づれであるのがよい。御公家を婿に取り這いつくばることは、とても難しいとして、若狭御家中に有り付けましたが、出雲崩れで牢人したところ、松平出羽守殿《まつだいらでわのかみ》（直政《なおまさ》）がすぐに召し出され、只今は子（の代）に成って（その）世話になって、いまだ長らえています。

一、古奈姫様の御きょうだいは、一人ハ若狭守殿（の家中）で隠れなき剛の者の御家老の赤尾伊豆守《あかおいずのかみ》という人の嫁に遣わされました。赤尾折殿《あかおおりどの》という奥様で、此の御料人を真珠院の弟の嫁に貰いなされました。此の嫁のために御城に居られました。お連れは孫でした。古奈姫様の変わりの無い御筋目です。

一、古奈姫様の御父は氏家内膳殿《うじいえないぜん》（行広《ゆきひろ》）といって、何万石かを御取りされていた城主で、治部少輔《じぶのしょう》（石田三成《いしだみつなり》）方に御与《くみ》しなされて御身上が潰れたため、若狭守様にとって叔母様のため、御夫婦・御子たちを御育みされたので、何を考えたのか、大坂に御駆け込んだため、御男子については御一人も残らず御切腹となって、愛宕《あたご》の「かうちく寺」殿は南光坊《なんこうぼう》（天海《てんかい》）の御寺で御喝食をしていたため、御詫びを南光坊様が仰られて、御長らえました。御女子はいずれも若狭守様の御厄介になって彼方此方に御有り付いて、村雲の妙法様は御道心により御心から御出家しました。

一、右の浅井様から柴田殿の事などは、真珠院の叔母たち、大坂で常高院の御側に居た方々の話などで聞き覚えたものです。私が子どもの時に、とても年老いていて、昔話に話していました。

一、信長様の事などは、真珠院の大叔母で、尾張国蟹江《おわりのくにかにえ》の城主渡辺与二《わたなべよじ》殿という人の内方で、後には落ちぶれて、真珠院の父親の世話になっていました。長い時間が経っている事などを自分から語っていたのを覚えたものです。

一、常高院様はどうしたことか、川崎六郎左衛門を御側に召し寄せられて、御心安く大事の御使まで仰せ付けられていた、と思われているので（川崎について）言います。

一、川崎六郎左衛門は、信長様の五番目の御弟であった尾張国桂の城主（「織田越中《えっちゅう》守《のかみ》」とすれば中根信照《なかねのぶてる》か）にとって末子で、桂城主の子息で同国の「せんのふ寺」（千音寺か）の城主川崎のうちに婿遺跡に入り、川崎新太郎という人の子のため、川崎六郎左衛門といいました。本来は織田家の内であったけれども、養子の家は川崎であったため、（川崎を）名乗りました。信長公（の死去）の後に没落して流浪していたことを聞いて、大坂の御袋様と常高院様から御探しがなされ、昔は御城主であったのに非人のように衰えていたため、大坂は晴れがましいので、まず常高院様が御恵みなされなさいとして、若狭に参って、自然と常高院様が御後見のようになり、御用をいろいろ給ったため、子どもは残らず生まれ出ると、御側に召し寄せられて、御育てされました。それぞれを有り付かせるという御恩恵でした。常高院様の御筋目の様子は、御年寄に新大夫殿という人が、厳有院様が御誕生の時、春日殿《かすがどの》の御用でこちらに下られて、御乳の人を御探しで、身元がよく子どもも多くいて、夫婦でいて、二親をもっていて、二十一から三十までという御詮議であったので、真珠院には両親がいて、夫婦は無事で子が九人いて、年は二十九であったため、春日殿へ事の次第を御話しされました。清泰院《せいたいいん》様（徳川家光養女・前田光高《まえだみつたか》妻）の御局が御取持して、急いで（江戸に）下るようにと（言われたので）、夜を日に（継いで）下りました。

大猷院様は御覧になられて、御公家・御門跡・天下諸大名にとっては晴れがましい若君様であるのに、近江殿とは背の高さが一尺近くも違っていた。とてもみっともないということで、御乳の人もそのことを認識し下ることもできないので、親類たちは仕方ないので御奉公から退きなさいと言ったけれども、真珠院は（奉公する）と言って、御城にすぐに入って、

若君様に御目見え申し上げると、出る時は感じ入ったのか、御縁なのか御大切に思い、もはや御城から下がる事はできませんでした。体裁として差し支えないということで居られました。御縁で御乳の一人として召し上られたので、大猷院様から若君様が御三つ・御六つになって、西の御丸に御移りするまでは、年寄衆が御使して、度々上意により召し出された時は、御乳の人として思われていたけれども、其の時

の事の成り行きの違いは、いまだに心残りが多いです。けれども御乳をあげて、神妙・律儀に御奉公申し上げたため、先々は悪くはされませんでした。全力で御奉公するようにとの上意により、悴《せがれ》両人が一度に召し出され、娘一人は宝樹院《ほうじゅいん》（徳川家綱母）に御有り付けされるという上意でした。一人はまだ幼少だったため、一両年たって大納言様に御伽に出しなさいと、次から次にありがたい上意で、右の度々に三度川崎に御加増して下されました。真珠院が御奉公に下った時は、英勝院《えいしょういん》様（徳川家康妻）が御城にだけ詰められていたため、真珠院はとても御懇ろでした。大猷院様の御心の御様子を、よくわかっていたため、其の御所様の事を御大切に考えて、相応《ふさわ》しい御奉公を申し上げたいと真珠院は考えていました。その甲斐も無く、結局は何ともいえない不首尾による差し障りがあって、並大抵ではない迷惑を懸けてしまったことは、すべての事がとんでもない職場であったので、仕方の無いことと思っていたところ、私に御二所様（家光・家綱）からもったいなく御懇ろにしてもらえていることは有り難く、真珠院は草の陰でもったいないと思っていると思います。

一、常高院様は江戸に行かれ、又若狭にも行かれ、御心のままにされていました。江戸で御登城されると、御城衆も今日は常高院御登城として、とても御照れされていました。「御むめりかた」御話しして、「御きやうきうや」は事の最後でした。そのため御城では御晴れがましいと、御子様に御話しになっていました。
一、先の菊亭様は御伝奏を持たれていて、並大抵でなく大猷院様の御心に叶われていて、何時までも伝奏を持たれる様にと思われていたため、御官位についても個別に申し入れられて、御本意ではなかったことですが、御家に付いている御官位のため「御おくりこう」して、十分なことです。
一、年寄りで、今の事は物忘れして、手に持っている物をも尋ねるのに、年寄りの癖で長い時間が経っている事はまばらに覚えています。年を取っている上にぐずぐずしているのもどうかと思い、とりあえず急いで書き付けました。また何についても御尋ね下さい。跡先や下書きもなしで思ったままに書き付けたので、他には見せないでいただきたい。文字は不得手ですが、あなた様はかな文字を御好みが一入なので、できる限り「いろは」書きをきちんとして書きましたので、真珠院は色々の事を覚えていて、備中守様の御屋敷にも、先だって書き付けて差し上げています。以上、

民部卿さま　　渓心院

二　某覚書（東京大学史料編纂所架蔵影写本「保田文書」）

一、のぶながの御いもうとハあざいとの御ないぎ、のちニしばた三さえもんどのへ、

一、浅井〈あざい〉殿御むすめ、大みだいハ、大ざかの御ふくろさま、わかさの常光〔高〕院様三人なり、

一、のふながの子常真〈しやうしん〉さま、

一、いせのいぬ山どの御ないきハ、のぶながのあね、

一、いぬ山のむすめハ、いせ殿〈いせ伊勢の守〉のないぎ、

一、いせ殿むすめ古〈こ〉仁右衛門殿ないき、

一、いせ殿ごけ、いこま三きう殿へ、仁右衛門殿ないきのためニまゝはゝ、

一、〈一身田〉もんせきの御ふくろもいぬ山殿むすめ、

一、古仁右衛門殿ないきの御ふくろともんせきの御ふくろときやうだい、

一、もんせきと仁右衛門殿母といとこ、

一、もんせきと仁右衛門殿ハいとこおい、
一、仁右衛門殿ハのふながのためめいまこの子、
一、たかさこん殿けき殿とハいせ殿のめい子、
一、けき殿ないきハくない殿むすめ、仁右衛門殿といとこ、
一、くない殿ハしきふ殿子、仁右衛門殿母と一ふく、
一、かとうてわ殿御ないきハげき殿ないきときやうだい、
一、くない殿ないきハむらせさま殿むすめ、
一、てわ殿ないき、げき殿ないきハむらせ殿むすめ、

（現代語訳）

一、信長の御妹は浅井殿の御妻で、後に柴田三左衛門《さんざえもん》殿に（嫁した）、
一、浅井殿の御娘は、大御台、大坂の御袋様、若狭の常高院様三人である、
一、信長の子に常真様がいた、
一、伊勢《いせ》にいる犬山殿の御妻は、信長の姉である、

一、犬山（殿）の娘は、伊勢殿〈伊勢伊勢守〉の妻である、

一、伊勢殿のむすめは古《こ》（藤堂）仁右衛門《にえもん》殿の妻である、

一、伊勢殿の後家は、生駒三休《いこまさんきゅう》殿に（嫁した）、仁右衛門殿の妻にとっては継母である、

一、一身田門跡《いっしんでんもんぜき》の御母も犬山殿の娘である、

一、古仁右衛門殿の妻の御母と門跡の御母とはきょうだいである、

一、門跡と仁右衛門殿の母とはいとこである、

一、門跡と仁右衛門殿とはいとこ甥である、

一、仁右衛門殿は信長にとって姪孫の子である、

一、高左近《たかさこん》殿と外記《げき》殿は伊勢殿の姪の子である、

一、外記殿の妻は宮内殿の娘であり、仁右衛門殿とはいとこである、

一、宮内殿は式部殿の子で、仁右衛門殿の母とは一腹である、

一、加藤出羽《かとうでわ》殿の御妻は外記殿の妻とはきょうだいである、

一、宮内殿の妻は村瀬左馬《むらせさま》殿の娘である、

一、出羽殿の妻・外記殿の妻は村瀬殿の娘である、

あとがき

本書は、お市の方についての初めての本格的な評伝書である。お市の方は、戦国女性のなかでも極めて著名な人物の一人といってよかろう。しかしながら関係する史料が少ないため、その実像を容易に把握することはできない。本書では、できるだけ良質の関係史料をもとに、その実像の追究をこころみた。けれどもそれは、彼女の実像を明らかにできたといいうるほどではない。関係する史料があまりにも不足しているからである。それでも彼女について、現在の史料的条件のなかで可能な限り、認識できるところまで到達できたことと思う。

私がお市の方について一書をあてて、本格的に追究しようと思ったのは、長女・茶々への関心からであった。かつて茶々について、羽柴秀吉死去後の羽柴家における立場と果たした役割に注目した（『羽柴家崩壊』『戦国「おんな家長」の群像』）。その茶々の羽柴家における政治的地位の淵源を認識するためには、母のお市の方の織田家における立場の把握が必要と感じられていた。また茶々について追究していた際、「渓心院文」を利用したが、そこでお市の方が浅井長政との死別について「御くやしく」思っていたこと、あわせて「柴田合戦記」での「こころは男子に劣るべからず」という彼女の発言の意味が気にかかるようになっていた。そのためお市の方についての検討に取り組んだのである。

ただしそれらのお市の方の発言の意味については、本書でも検討したが、本質的な意味において、それを十分に理解できるところまでは到達していない。そこに到達するためには、鎌倉・室町時代からの支配者層における「家」の在り方とそれへの観念の変化、江戸時代以降におけるそれらの在り方についての認識が必要と考えられる。この問題は、非常に大きく、そのため幅広い認識が必要と思われるのである。お市の方の発言の背景にあった「家」観念・結婚観念が、いつどのような経緯で形成されたのか、そしてそれが近代の家族制度にどのような経緯で受け継がれたのか、中世・近世をまたいで解明していくことが必要と考えられる。当然ながら本書でそこまで辿り着くことはできず、また私個人による研究だけでも不可能である。今後ひろく関連研究が蓄積されることにより、達せられるものであろう。私自身も引き続き、その究明に取り組んでいきたい。

また本書でお市の方について追究したことで、何よりも認識されたのは、織田家の一族・家族についての研究の不十分さである。そのため姉妹について、根本的な事実関係から検討を開始しなくてはならなかった。織田信長は戦国時代の代表的人物として知られているが、その一族・家族についての解明は、著しく進捗していない。北条・武田・今川家など著名な戦国大名と比較すると、極めて見劣りしている。信長の妻妾、きょうだいや子どもたちについては、根本的なところからの検討が必要と認識された。

私は近年、それら戦国大名家の女性や家族の動向についての追究を重ねているが、そこで得られた認識として、一族・家族の動向は、政治動向を把握・認識するうえで極めて重要な要素をなしている、ということがある。本書では、お市の方に関わる部分についての検討にとどめざるをえなかったが、織田権力を理解するためには、それらについての解明は欠かすことはできないであろう。しかも織田家一族についての追究の必要性は、それだけにはとどまらないと認識される。お市の方の三人の娘の動向にみられているように、羽柴（豊臣）政権の在り方をも規定していた感触が強い。羽柴政権の在り方とその性格をとらえるうえでも、羽柴政権期の織田家一族の動向の究明は、とても意義あることと感じている。

本書を書き終えてみると、お市の方の生涯については、現状において可能な限り解明することはできたと思うものの、その一方で、関連する事柄について課題ばかりが認識されるものとなった。今後、信長の一族や家族についての解明がすすんでいけば、本書での想定についても考え直さなければならないこともでてくるかもしれない。それらについての解明が本格的に進展していくことを期待したい。本書がその契機の一つとなりえれば幸いである。

最後になったが、本書の刊行にあたっては、朝日新聞出版書籍編集部の長田匡司さんのお世話になった。今年の夏の初めに、長田さんから「朝日新書」の執筆を打診された。依頼されたテーマは別の内容のもので、それについてはこのあとしばらくして刊行されることであろう。その時、本書の原稿をちょうど書き上げたところで、出版先を探そうと思っていたところであったので、本書の刊行をお願いしたところ、長田さんにはお引き受けいただき、こうして「朝日新書」の一冊として刊行していただけることになったのである。あらためて御礼を申し上げます。

二〇二二年十一月

黒田基樹

主要参考文献

浅井俊典『真説浅井長政嫡子越後・浅井帯刀秀政』（宮帯出版社、二〇一二年）
足立尚計「校訂『柴田勝家公始末記』」（『福井市立郷土歴史博物館研究紀要』一〇号、二〇〇二年）
有馬香織「『初』の名前」（『日本歴史』七八四号、二〇一三年）
伊藤一樹編『常高院と京極の女達』（私家版、一九九三年）
井上安代『豊臣秀頼』（私家版、一九九二年）
遠藤ゆり子『戦国時代の南奥羽社会』（吉川弘文館、二〇一六年）
太田浩司『浅井長政と姉川合戦〈淡海文庫46〉』（サンライズ出版、二〇一一年）
同「お市と浅井三姉妹の生涯」（長浜市長浜城歴史博物館編『戦国大名浅井氏と北近江』所収、同館、二〇〇八年）
岡田正人『織田信長総合事典』（雄山閣出版、一九九九年）
小浜市立図書館編『京極高次夫人　常高院殿〈若狭人物叢書5〉』（小浜市立図書館、一九七七年）
小和田哲男『近江浅井氏の研究』（清文堂出版、二〇〇五年）
同編『戦国の女性たち』（河出書房新社、二〇〇五年）
同『浅井長政のすべて』（新人物往来社、二〇〇八年）
同『浅井三姉妹の真実〈新人物文庫113〉』（新人物往来社、二〇一〇年）
柏木輝久『大坂の陣豊臣方人物事典』（宮帯出版社、二〇一六年）

木下聡『斎藤氏四代〈ミネルヴァ日本評伝選205〉』（ミネルヴァ書房、二〇二〇年）
黒田基樹『羽柴を名乗った人々〈角川選書578〉』（KADOKAWA、二〇一六年）
同『羽柴家崩壊〈中世から近世へ〉』（平凡社、二〇一七年）
同『今川のおんな家長　寿桂尼〈中世から近世へ〉』（平凡社、二〇二一年）
同『武田信玄の妻、三条殿』（東京堂出版、二〇二二年）
同『家康の正妻　築山殿〈平凡社新書1014〉』（平凡社、二〇二二年）
桑田忠親『豊臣秀吉研究』（角川書店、一九七五年）
小泉義博「朝倉義景と景鏡の感状」（『武生市史編さんだより』二六号、一九九五年）
佐藤圭「朝倉氏と近隣大名の関係について」（『福井県史研究』一四号、一九九六年）
柴裕之『清須会議〈シリーズ実像に迫る17〉』（戎光祥出版、二〇一八年）
同『織田信長〈中世から近世へ〉』（平凡社、二〇二〇年）
渋谷美枝子「キリシタン大名京極高次」（『小浜市史紀要』三号、一九七二年）
同「京極高次の母（上）（下）」（『若狭』八号・九号、一九七四年）
同「京極マリア夫人」（『若狭』一九号、一九七七年）
同「『渓心院文』による常高院をめぐる人々」（『小浜市史紀要』四号、一九七七年）
清水有子「京極高次・高知」（五野井隆史監修『キリシタン大名』宮帯出版社、二〇一七年）
瀧田英二『常滑史話索隠』（私家版、一九六五年）
谷口克広『織田信長家臣人名辞典　第2版』（吉川弘文館、二〇一〇年）
中井均「浅井・朝倉氏の同盟と城館構造」（同著『戦国期城館と西国〈城館研究叢書Ⅳ〉』所収、高志書院、二一

〇二一年）
中村博司『豊臣政権の形成過程と大坂城〈日本史研究叢刊34〉』（和泉書院、二〇一九年）
長谷川裕子「浅井長政と朝倉義景」（樋口州男他編『歴史の中の人物像〈小径選書4〉』所収、小径社、二〇一九年）
福田千鶴『淀殿〈ミネルヴァ日本評伝選44〉』（ミネルヴァ書房、二〇〇七年）
同『江の生涯〈中公新書2080〉』（中央公論新社、二〇一〇年）
同『大奥を創った女たち〈歴史文化ライブラリー549〉』（吉川弘文館、二〇二二年）
藤井譲治編『織豊期主要人物居所集成　第2版』（思文閣出版、二〇一六年）
水野和雄「天下統一への序曲」（滋賀県立安土城考古博物館編『〈平成8年度秋季特別展〉元亀争乱』所収、同館、一九九六年）
宮島敬一『浅井氏三代〈人物叢書251〉』（吉川弘文館、二〇〇八年）
宮本義己『誰も知らなかった江〈マイコミ新書〉』（毎日コミュニケーションズ、二〇一〇年）
村井祐樹『六角定頼〈ミネルヴァ日本評伝選195〉』（ミネルヴァ書房、二〇一九年）
山本慈昭『飯田市建設の祖　京極高知公伝〈山本文庫2〉』（山本文庫、一九七〇年）
横山住雄『織田信長の系譜　信秀の生涯を追って〈改訂新版〉』（濃尾歴史文化研究所、二〇〇八年）
同『織田信長の尾張時代〈中世武士選書10〉』（戎光祥出版、二〇一二年）

黒田基樹　くろだ・もとき
1965年東京生まれ。早稲田大学教育学部社会科地理歴史専修卒業。博士(日本史学)。専門は日本中世史。駿河台大学教授。著書に『百姓から見た戦国大名』『戦国北条家の判子行政』『戦国大名・伊勢宗瑞』『今川のおんな家長　寿桂尼』『下剋上』『関東戦国史』『戦国大名』『国衆』『武田信玄の妻、三条殿』『家康の正妻築山殿』『羽柴家崩壊』など。

朝日新書
895

お市《いち》の方《かた》の生涯《しょうがい》

「天下一の美人」と娘たちの知られざる政治権力の実像

2023年１月30日第１刷発行

著　者　黒田基樹

発行者　三宮博信
カバーデザイン　アンスガー・フォルマー　田嶋佳子
印刷所　凸版印刷株式会社
発行所　朝日新聞出版
〒104-8011　東京都中央区築地 5-3-2
電話　03-5541-8832（編集）
　　　03-5540-7793（販売）

Published in Japan by Asahi Shimbun Publications Inc.
ISBN 978-4-02-295198-4
定価はカバーに表示してあります。

落丁・乱丁の場合は弊社業務部(電話03-5540-7800)へご連絡ください。
送料弊社負担にてお取り替えいたします。